Music
Roaming

音乐漫游记

马辰——著

带着
古典音乐
去旅行

人民邮电出版社

北 京

图书在版编目（CIP）数据

音乐漫游记：带着古典音乐去旅行 / 马辰著. --
北京：人民邮电出版社，2020.11
ISBN 978-7-115-54965-5

Ⅰ．①音… Ⅱ．①马… Ⅲ．①游记－世界 Ⅳ.
①K919

中国版本图书馆CIP数据核字(2020)第187794号

内 容 提 要

每一首音乐作品，都是一幅鲜活的游历图，诉说了音乐家自己的生活故事；每一首音乐作品，都是一次艺术思维碰撞的漫游，描绘了音乐家心中的千思万绪；每一首音乐作品，都是一段令人难以忘怀的历史，记录了千百年来时代的变迁和发展。让我们遨游在书中，感知这些音乐作品的美妙，来一场特别的音乐之旅。

本书是一本穿越时空的音乐旅行游记，分为时间和空间 2 个主线。在时间的顺序上，本书分为 4 个乐章，分别是中世纪与文艺复兴时期、巴洛克时期、古典主义时期和浪漫主义时期。在空间的顺序上，书中的每一个乐章都记录了在不同城市的音乐漫游，读者可以一边听推荐音乐，一边读文字，同时可以看到作者在旅行中拍摄的美丽风景，云游那些梦寐以求的旅行目的地。

本书适合音乐爱好者阅读。

◆ 著　　　　马　辰
　　责任编辑　杜梦萦
　　责任印制　陈　犇

◆ 人民邮电出版社出版发行　　北京市丰台区成寿寺路 11 号
　　邮编　100164　　电子邮件　315@ptpress.com.cn
　　网址　https://www.ptpress.com.cn
　　雅迪云印（天津）科技有限公司印刷

◆ 开本：700×1000　1/16
　　印张：21.5　　　　　　　　　　2020 年 11 月第 1 版
　　字数：551 千字　　　　　　　　2020 年 11 月天津第 1 次印刷

定价：128.00 元

读者服务热线：(010)81055296　印装质量热线：(010)81055316
反盗版热线：(010)81055315
广告经营许可证：京东市监广登字 20170147 号

致读者朋友的一封信

"音乐是一种神奇的艺术形式，它是无形的，但又是无处不在的。音乐存在于时空之中，听众可以在音乐中冥想，在音乐中寻找心灵的栖息地，在音乐中构建一个唯美纯净的世界。"——马辰

"古典音乐是唯美仙境的后花园，不是所有的人都能感知到古典音乐的美妙，如果你听懂了古典音乐，你就拿到了通往唯美仙境的金钥匙。"——马辰

艺术这个东西，有时候很有用，有时候又很没用。但是，没有艺术陪伴的人生，一定是不完美的；没有艺术陪伴的旅行，一定是不精彩的。艺术可以美化生活，可以让你重新发现人生旅途中那些细微的美好。这本《音乐漫游记：带着古典音乐去旅行》，就是要教会读者带着一颗热爱艺术的心去感知世界。

我的这本书，其实是写给远方的一封信，很高兴你可以打开它、看到它。

感谢每一个阅读本书的你。

能与此刻的你，在茫茫书海中相遇，这可能是注定的一段缘分。

不是所有的人都能够加入这场精彩的穿越时空艺术之旅的。我写这本书时，也曾想过，谁会读到我这本书？当时我想到这里就很兴奋，我期待和此刻的你相遇，和你一起体验一场特别的旅程。其实阅读一本书，就是读者和作者之间进行的一次心灵对话。只有用心阅读，才

2019年我在沙漠中举办的一场
钢琴音乐会，摄于昆仑山

能感受到作者笔下描绘的精彩世界。我的这本书，是一扇穿越时空之
门，当你穿过了这时空之门，一个色彩斑斓的世界便呈现在你眼前：
我会带你走过千年，带你穿越欧洲，带你漫游不同的时代，带你一起
感受不同时期的风景、建筑、绘画、文学，还有音乐。我会和你共享
这一场浪漫之旅。

你我都是这漫漫历史长河中的匆匆过客，所有阅读本书的你，和
我一样，都是穿越时空的旅行者。

有时候我在思考一个问题：到底什么是阅读呢？看书是一种阅
读，欣赏绘画是一种阅读，听音乐是一种阅读，旅行也是一种阅读，
阅读就是用心去感受身边的世界。

我会用创作交响乐的方式来创作这本书。很多交响乐作品都是4
个乐章，本书也是由4个乐章构成的。本书不仅是一本音乐赏析类图
书，也是一本内容丰富的旅行游记＋摄影集。

所以，本书的阅读方式是这样的。

本书是一扇窗户，在阅读这本书时，我希望你的灵魂可以透过文字的窗户进入我所描绘的那个世界，仿佛身临其境，和我一起去旅行、感知、探索。

本书是一本穿越时空的艺术旅行游记，分为时间和空间2个主线。在时间的顺序上，本书分为4个乐章，分别是《第一乐章　中世纪与文艺复兴时期》《第二乐章　巴洛克时期》《第三乐章　古典主义时期》《第四乐章　浪漫主义时期》。在空间的顺序上，书中的每一个乐章都会带你来到不同的国家和城市，我们可以在本书中，云游那些梦寐以求的旅行目的地。

在大部分章节的开头，我会推荐一些与我的文字相关的音乐作品。我希望你们可以一边听着我推荐的音乐，一边看文字，同时你们可以看到很多我在旅程中拍摄的美丽风景。让我们在艺术的陪伴下，一起在音乐中漫游。

"没有什么比艺术更能让人逃离世界，也没有什么比艺术更能与世界相连。"——歌德

我的沙漠音乐会

目 录

音 乐 漫 游 记

The First Movement

第一乐章 中世纪与文艺复兴时期

01 音乐是流动的建筑，建筑是凝固的音乐

聆听音乐：巴赫《无伴奏大提琴组曲》专辑

我们这场艺术旅行的第一个行程，就是带大家穿越欧洲大陆。

在本节的开头，我推荐的这张巴赫的音乐唱片，和我们这一节的文字有很多的联系，因为我在这些动听的大提琴音乐中，听到了建筑的结构感。在美妙音乐的陪伴下，让我们开启这场艺术旅程。

"音乐是流动的建筑，建筑是凝固的音乐。"这句话，听起来好像很熟悉，但大家知道这句话的由来吗？

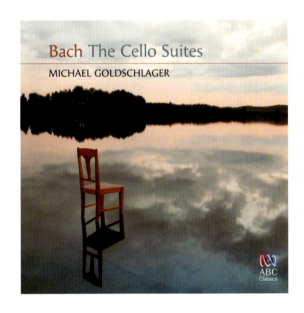

巴赫《无伴奏大提琴组曲》专辑唱片封面，迈克尔·戈德施拉格演奏

当我漫步在欧洲不同的城市，看到那些经典、唯美的辉煌建筑时，内心总会想起这句话。艺术史上的很多人都参与了这句话的创造，但只有歌德和黑格尔阐述得较为明确。德国文学家歌德在看到法国斯特拉斯堡大教堂时，曾赞叹："建筑是凝固的音乐。"后来黑格尔进一步概括了音乐与建筑的关系："音乐是流动的建筑，建筑是凝固的音乐。"音乐和建筑最相近，就像建筑一样，音乐把它的创造重点放在比例和结构上。的确，很多精美的欧洲建筑作为一种造型艺术，不是简单的钢筋、水泥的堆砌，它能激起与听音乐相近的情感反应。而我们也能从音乐的形式美里把握某些建筑的因素。比如浪漫派作曲家舒曼就曾在《莱茵交响曲》中表现了科隆大教堂外观的壮丽与雄伟。早在古希腊时期就有阐述音乐与建筑关系的美妙传说，因为两者的确存在相似性与关联性。不同的艺术门类尽管各具特性，但是它们之间有着内在的联系，这种联系使艺术家得以从不同的艺术中得到灵感，也使各种艺术门类可以互相交融、跨界。

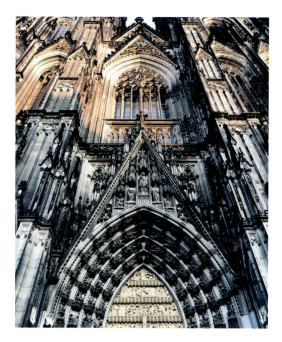

位于德国科隆的科隆大教堂，就像建筑中的交响乐

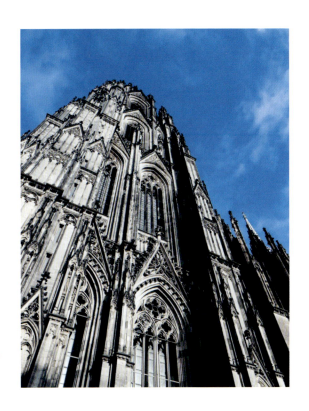

科隆大教堂外景

　　如果说音乐是流动的建筑，那么古典音乐中的交响乐则可以说是音乐王国中的摩天大楼，历史上每一部经典的交响乐作品，都是音乐世界里辉煌的流动建筑。交响乐有非常多的声部以及音响的层次感，创作交响乐，一定要有立体创作思维，就像建筑设计师设计一座精美的建筑一样，每一个音符，每一个乐句，都是构成音乐建筑的基本元素。贝多芬在创作《英雄交响曲》时，就曾受到巴黎某些建筑群的启发。

　　人类自古以来就在追求艺术带来的心灵慰藉，人类总是自愿接受艺术的熏陶，提升灵魂的美感。如果身处充满艺术氛围的建筑环境中，人更会潜移默化地受到艺术气息的感染，更容易培养对美的感知，更容易提升自己的审美能力。

音乐是时间的艺术，音乐存在于时间里，建筑是空间的艺术，建筑的美需要在空间中体现。音乐能在时间中展示空间，建筑能在空间中体现时间。所有经典的音乐和建筑，都是穿越时空的伟大艺术作品。

当我们聆听古典音乐世界里那些经典的交响乐作品时，乐曲旋律的跌宕起伏，音乐和弦的层叠组合，让我们可以在音乐中感受到一个恢宏的空间世界，所以说音乐可以体现出一种空间感，这就是为什么音乐被称作流动的建筑。同样，当我们漫步在华丽的中世纪哥特式建筑中，精美的建筑结构与完美的空间布局就像音乐中层叠的和弦，典雅的建筑装饰就像音乐中的美妙旋律，这就是为什么建筑被称作凝固的音乐。世界上那些著名的音乐厅、歌剧院就是音乐与建筑的完美结合，它们大部分都在欧洲。

接下来，跟着音乐去旅行，我将带大家开启一场欧洲著名歌剧院、音乐厅之旅。

（1）维也纳金色大厅（旅行地点：奥地利 维也纳）

谈到欧洲的音乐厅，无论你是不是音乐专业人士，脑海里首先浮现的，可能都是维也纳金色大厅。这是一座著名的音乐殿堂，全称为维也纳音乐协会金色大厅。金色大厅是世界古典音乐的代表地点之一，也是维也纳爱乐乐团的常年演出驻地。一年一度的维也纳新年音乐会就在这里上演。金色大厅最早建于 1867 年，是典型的文艺复兴式建筑。金色大厅的屋顶上竖立着许多音乐女神的雕像，精致唯美。金色大厅是奥地利皇家音乐之友协会大楼的一部分，该建筑包含多个音乐厅，除金色大厅外，还包括勃拉姆斯厅和莫扎特厅等演出大厅。

奥地利皇家音乐之友协会，是音乐爱好者值得一去的地方。这里拥有丰富的音乐史、乐谱、乐器等藏品，如莫扎特的乐稿——"最后一部交响曲"《朱庇特交响曲》、舒伯特的手稿——《未完成交响曲》等。其档案室曾经是勃拉姆斯的办公室，音乐厅属于奥地利音乐之友协会，该协会拥有会员7000多人，据说是世界上历史最悠久、人数最多的音乐组织。如果去维也纳旅行，金色大厅是必去的地方。

维也纳金色大厅外景

维也纳金色大厅的黄金穹顶

（2）维也纳国家歌剧院（旅行地点：奥地利 维也纳）

维也纳国家歌剧院，是我心目中的世界音乐艺术殿堂，是世界上最著名的歌剧院之一，也是维也纳的音乐地标。这座歌剧院建于1861年，坐落在维也纳老城环行大道上，其前身也是维也纳历史悠久的古老剧院。它于1869年建成开幕，首场演出的是莫扎特的歌剧《唐璜》。国家歌剧院是维也纳这个音乐之都的重要文化象征，历史上很多著名的音乐家，如马勒、理查·施特劳斯、卡拉扬等都曾在维也纳国家歌剧院任职。

维也纳国家歌剧院建筑富丽堂皇，是一座高大的罗马式建筑，一年一度的维也纳国家歌剧院新年舞会就在这里举行。维也纳歌剧院舞会被称作"欧洲最后一个上流社会的盛大节日"。举办舞会时，100多对经过严格挑选的少男少女为舞会开场，女舞者头戴镶嵌宝石的冠冕，身着白纱长裙，男舞者身穿黑色礼服与其共同起舞。置身于舞会现场，仿佛回到了19世纪。

维也纳国家歌剧院外景

维也纳国家歌剧院华丽的内部空间

（3）巴黎歌剧院（旅行地点：法国 巴黎）

巴黎歌剧院，是我非常喜欢的欧洲歌剧院之一，由建筑师查尔斯·加尼叶于1861年设计，所以它又被称为加尼叶歌剧院。巴黎歌剧院是《歌剧魅影》的故事发生地。巴黎歌剧院将罗马风格、巴洛克风格等几种建筑风格完美融合，规模宏大，金碧辉煌，是一座绘画、大理石和金饰交相辉映的完美建筑，犹如诗歌般美妙。透过歌剧院广场及歌剧院大街，可以看到卢浮宫。

传说巴黎歌剧院象征了拿破仑三世和欧也妮的爱情，建筑顶部的字母"N"和"E"就是证明。如今巴黎歌剧院被称作"巴黎最知名的约会地点"，当年很多富家子弟就在歌剧院正面的入口处和心爱的姑娘约会，心仪后跑去歌剧院旁的旺姆广场去买钻石戒指，后来演变为"赠送钻石戒指订婚"的习俗。这是一个有故事的歌剧院，据说巴黎歌剧院具有十分复杂的建筑结构，剧院有2531个门，7593把钥匙，6英里（约合9656米）长的地下暗道。歌剧院的地下层，藏有一个容量极大的地下暗湖，湖深6米。由法国著名的侦探、悬

巴黎歌剧院的外景

巴黎歌剧院奢华的内部空间

念小说家加斯通·勒鲁（1868—1927）写下的《歌剧魅影》（后又被改编成电影、音乐剧）正是发生在这座有故事的建筑里。

（4）马林斯基剧院（旅行地点：俄罗斯 圣彼得堡）

马林斯基剧院位于俄罗斯圣彼得堡，是芭蕾界的艺术殿堂。其前身是 18 世纪圣彼得堡非常著名的剧院，后来在 1860 年重新建成并投入使用，以当时皇后的名字命名为"马林斯基剧院"。在那个时代，俄罗斯很多知名音乐家，如格林卡、穆索尔斯基、柴可夫斯基、里姆斯基－科萨科夫、普罗科菲耶夫等，他们的很多作品均是在马林斯基剧院及其前身的大剧院首演的。1886 年，皇家芭蕾舞团和皇家歌剧团全部转到马林斯基剧院，柴可夫斯基的作品《睡美人》《胡桃夹子》《天鹅湖》等都是在马林斯基剧院首演的。这座剧院是一座有故事的建筑，它见证了很多辉煌的音乐时刻，是当今世界上经营最成功的几大剧院之一，也是音乐爱好者们到圣彼得堡必去的音乐圣地。

马林斯基剧院的
芭蕾舞演出

（5）加泰罗尼亚音乐厅（旅行地点：西班牙 巴塞罗那）

位于西班牙巴塞罗那的加泰罗尼亚音乐厅，是建筑大师蒙塔内尔1908年的作品，它充满了设计感，是巴塞罗那最令人震撼的现代派风格建筑之一，极具视觉冲击力，于1997年入选世界文化遗产名录。如果你既是一个建筑迷，又是一个古典音乐爱好者，那么加泰罗尼亚音乐厅绝对是你不可错过的西班牙旅行胜地。加泰罗尼亚音乐厅是一个有着百年历史的现代主义杰作，很难想象这样一个建筑瑰宝竟然深藏在巴塞罗那老城区一个非常拥挤的街区的一条小巷中。巴塞罗那是一个神奇的城市，漫步其中，你总会发现令人惊奇的建筑。加泰罗尼亚音乐厅的设计师大胆地使用了当时极其前卫的玻璃幕墙技术，使整个音乐厅沐浴在充足的自然光线之中，它是欧洲唯一一个白天靠自然光照明的音乐大厅。这里有一些旅行小建议，如果你想来这里听音乐会，一定要选择白天，因为只有这样才能透过白天的自然光欣赏到彩色玻璃上那些色彩绚丽的图画。聆听着音乐，让心灵沉浸在自然光照下的室内音乐厅里，简直就是梦幻般的场景。

加泰罗尼亚音乐厅的内部空间

（6）柏林爱乐音乐厅（旅行地点：德国 柏林）

柏林爱乐音乐厅，对于世界上的古典音乐爱好者而言，是一个殿堂级的、又带有些许神秘色彩的音乐圣地。作为世界顶级交响乐团——柏林爱乐乐团的主场，柏林爱乐音乐厅是一座音乐的圣神殿堂，卡拉扬、阿巴多、西蒙·拉特尔以及所有与柏林爱乐乐团合作过的世界一线指挥家、歌唱家、独奏家都曾在这里登台。柏林爱乐音乐厅有着悠久的历史，我们现在看到的柏林爱乐音乐厅所在的这座建筑，是1956年由德国设计师汉斯·夏隆设计的。音乐厅的内部空间采用了极具现代感的设计，考究而严谨的设计方式使音乐厅本身就变成了一件唯美的乐器。柏林爱乐音乐厅有着绝佳的声学效果，在这里聆听一场音乐会是一种非常完美的体验。令我印象最深刻的音乐视频就是卡拉扬在柏林爱乐音乐厅与柏林爱乐乐团合作演奏的贝多芬《第九交响曲》，如果有一天你去柏林旅行，柏林爱乐音乐厅绝对值得一去。

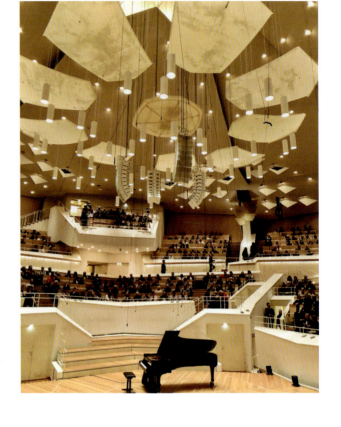

柏林爱乐大厅内景

（7）斯卡拉歌剧院（旅行地点：意大利 米兰）

斯卡拉歌剧院位于意大利米兰，是世界上极负盛名的歌剧院之一，它不仅是一座华美经典的建筑，也是意大利歌剧的象征。这栋建筑有着传奇般的经历与故事，见证了几百年的风云变幻。它的历史可以追溯到18世纪，这座新古典风格的歌剧院，由于建在拆除了的圣玛丽亚斯卡拉教堂的房基上，故被命名为斯卡拉歌剧院。剧院投入使用的当天上演了安东尼奥·萨列里的歌剧《重建欧洲》。第二次世界大战期间，剧院遭到轰炸。第二次世界大战结束后，意大利政府拨出巨款，以当时的最高标准重建此建筑，使之重获新生，

斯卡拉歌剧院里的小型音乐博物馆

并跻身于世界知名歌剧院之列。法国小说家司汤达在这里看过演出后宣称，斯卡拉歌剧院将成为"意大利最伟大的歌剧院"。此建筑也是米兰这座城市非常具有代表性的文化地标。

斯卡拉歌剧院的华丽包厢

（8）威尼斯凤凰剧院（旅行地点：意大利 威尼斯）

  威尼斯凤凰剧院，坐落于美丽的水上之城威尼斯，是一个与火结缘的音乐殿堂，从18世纪开始建造以来，它多次遭遇大火，但又多次浴火重生。该剧院于1790年开始兴建，历史上很多著名的歌剧都在这里首演，这栋建筑见证了一个时代。当你走进这栋建筑时，你会被这里的辉煌与光芒所震撼，这里极具梦幻色彩，置身其间，聆听一场经典的歌剧，仿佛能穿越时空。威尼斯是一座浪漫的城市，也是我非常喜欢的欧洲城市之一，坐落于此的这座巴洛克风格的剧院更是历史与艺术的完美融合。

威尼斯凤凰剧院内景

（9）阿迪库斯露天剧场（旅行地点：希腊 雅典）

希腊雅典的阿迪库斯露天剧场建于公元 161 年，由罗马大帝时代的哲学家阿迪库斯建造，它历经了近 2000 年的风霜，穿越了漫漫的历史长河，至今依然有无数的世人膜拜与仰望。正是因为这斑驳、沧桑的天然背景，阿迪库斯露天剧场才显得如此独特，在这里演出，仿佛在和几千年的世界历史对话。2004 年的雅典欧洲圣城音乐会，西蒙·拉特尔指挥柏林爱乐乐团在这里上演了一场经典的露天音乐会，我们从音乐会的视频中，能感受到阿迪库斯露天剧场的历史厚重感，不禁感叹近 2000 年前人类的智慧。建筑是石头的交响乐，那些经典的建筑将永远闪耀在人类文明的灿烂星河之中。雅典的阿迪库斯露天剧场，是来希腊旅行的必去之地。

（10）米奈克剧场（旅行地点：英国 康沃尔郡）

米奈克剧场是一座建造于悬崖之上的海滨露天剧场，它地处大不列颠岛最西南角，面对着无边无际的蔚蓝大海，凿建在陡峭的悬崖之巅，以天然的海岸景观作为舞台背景，是世界上非常具有特点的露天剧场。这座坐落在海边，看似古罗马遗迹的扇形露天剧院，其实是一位英国女士——罗伊娜·凯德家的后院。第一次世界大战之后她和母亲来到波斯科诺这个小渔村，她们看中了剧院所在地的这处悬崖，就以 100 英镑（据 2020 年 7 月 28 日参考汇率，1 英镑可兑换 9.0005 人民币）的价格买了下来，并在附近建造了一栋自己居住的房子，同时把自己家的后院改造成了一座纯天然的露天剧场。这座剧场曾经出现在很多影视剧中，莎拉·布莱曼的歌曲《斯卡布罗集市》也曾在这里拍摄音乐录影带。

漫步欧洲大陆，除了刚才提到的这些经典的音乐殿堂，还有很多特别棒的歌剧院和音乐厅，如摩纳哥的蒙特卡洛歌剧院、德国黑森州国家剧院、德国拜罗伊特的侯爵歌剧院、英国皇家歌剧院、俄罗斯的莫斯科大剧院、罗马尼亚的雅典娜音乐厅、意大利维琴察的奥林匹克剧场等。就像本节刚开始所说的，音乐是流动的建筑，建筑是凝固的音乐，我们从这些经典永恒的建筑中感受到了音乐的灵魂，感受到了艺术的滋养。漫步欧洲，带着感悟艺术之心去旅行，接下来还会有更加精彩的旅程。

莫斯科大剧院华丽的包厢

莫斯科大剧院的芭蕾
舞演出

02 听着千年之前的音乐，探寻千年之前的欧洲

（旅行地点：希腊 雅典，意大利 罗马）

上一节的欧洲音乐厅和歌剧院之旅，或许大家还意犹未尽，这一节的新旅程，我将带大家漫游千年之前的欧洲。

如果你要去欧洲旅行，不妨带上我的这本书，它或许会让你发现一些不一样的地方。大部分欧洲旅行团去的都是千篇一律的景点，其实如果想要全面了解一座城市的文化，就应该去深度感受和探寻，仔细地聆听一座城市前世今生的故事。欧洲有很多有故事的城市，每一座城市都像一本书，当你走进这座城市，你就会渐渐沉浸其中，开启一场属于自己的时空漫游。

（1）希腊

几千年前，欧洲文化的发源地，就在爱琴海。我们这一次的旅行，先穿越到遥远的古希腊。

古希腊不是一个国家的概念，而是一个地区的称谓，其位于欧洲东南部、地中海的东北部。古希腊人在哲学思想、诗歌、建筑、科学、文学艺术等诸多方面都有着很深的造诣，古希腊是西方文化艺术的摇篮。

诞生于古希腊的乐器里拉琴，又译为莱雅琴，亦称诗琴、七弦琴，这个乐器的名字最早出现在线形文字里，与诗歌"Lyric"同源，它是西方最早的拨弦乐器。弹奏里拉琴是古希腊时期学生学习音乐和诗歌的重要方式。它是古希腊音乐的象征。

此刻漫步在希腊雅典，聆听着希腊里拉琴演奏出的美妙音乐，看到那么多有故事的建筑，彷佛回到了几千年前。在美丽的爱琴海边有一座很神奇的城市——雅典，它和欧洲其他城市不太一样，在这里你会感受到一种更加遥远的文化氛围。

雅典卫城是雅典的旅游胜地，是希腊最杰出的古建筑群，距今已有2000多年的历史。现存的主要遗迹有卫城山门、雅典娜胜利神庙、帕特农神庙等，另有一座现代建筑——卫城博物馆，还有露天剧场、音乐厅等各种有故事的古建筑。雅典卫城，诞生了古希腊哲学三杰：苏格拉底、柏拉图和亚里士多德。他们的思想深刻地影响了后世的欧洲文明。希腊雅典，是欧洲艺术之旅的第一站，也是西方艺术史的开端，是来欧洲旅行的必去之地。

雅典卫城的帕特农神庙外景

蔚蓝色的爱琴海一带，有太多美丽的地方。圣托里尼岛，也是必去之地，这里的建筑大部分都是蓝色和白色的。漫步在圣托里尼，仿佛走进了一个唯美浪漫的梦境，在这里，你能够真正地感受到爱琴海独有的美丽和优雅。

告别爱琴海边的希腊，接下来，我们穿越到1000多年前的罗马。

圣托里尼岛的蓝顶教堂

（2）罗马

据说中世纪时期的教堂音乐发源于意大利罗马，要感受中世纪时期的音乐文化，罗马是必须要去的欧洲城市之一。

当我们走进欧洲的古老的教堂时，有时候会听到唱诗班的歌声，这些歌声圣洁、纯净、简单，有着明显而清晰的旋律，当我们听到这些旋律时，会被潜移默化地影响着，变得平静。这些神秘的音乐究竟来自哪里？它们的故事，最早可以追溯到1000多年以前……

1000 多年以前，欧洲的一种音乐形式，对后来古典音乐的发展产生了深远的影响：公元 6 世纪末，罗马教皇格里高利一世为了统一教会仪式中的音乐，将教会礼仪歌曲、赞美歌等收集、整理成一本《唱经歌曲》（即"圣咏"），它一共收集、整理了 3000 多首歌曲，它后来被人们称作"格里高利圣咏"。格里高利圣咏在产生、发展的过程中，吸收了古希腊等地区的音乐，因此，它使我们了解了几乎失传的古代地中海地区的音乐文化。同时，格里高利圣咏孕育了西方 1000 多年来的音乐艺术。

格里高利圣咏作为欧洲封建社会初期的主体音乐，它的发展与整个西方音乐史有密切的关系。现代音乐中有一种无伴奏合唱形式叫作阿卡贝拉，它就是以圣咏的音乐形式为基础发展演变而来的。格里高利圣咏中最富特征的旋律不仅长久地保存在中世纪作曲家的创作中，而且经常出现在后来许多音乐家的作品里面，如莫扎特的《朱庇特交响曲》、拉赫玛尼诺夫的《帕格尼尼主题狂想曲》等。

如今，很多中世纪和文艺复兴时期的音乐被重新发现并录制成了音乐产品，我们在网上可以找到相关的音乐资源。接下来，让我们听着 1000 多年前的音乐，开启这一场艺术漫游。

有人说罗马这个城市，本身就是一座巨大的博物馆。让我们一起漫游罗马这座历史名城，去探寻属于这个城市的故事。

① 穿越千年的神奇建筑——万神殿

罗马的万神殿，是一座令人惊叹的建筑，距今已有 2000 多年历史。置身于此建筑之中，你不仅能体验到穿越千年的历史沧桑感，也会被它神圣而永恒的光辉所震撼。万神殿是至今仍保存完整的一座罗马帝国时期的经典建筑，始建于公元前27年，由罗马帝国首任皇帝屋大维的女婿阿格里帕主持建造，用于供奉奥林匹亚山上的诸神。公元80年的一场火灾，使万神殿的大部分被毁，仅余一长方形的柱廊，从门廊正面的8根巨大圆柱仍可看出万神殿最初的建筑规模。当你走进这座建筑，仰望着这恢宏的圆形穹顶，仿佛能听到历史的回声。万神殿也是很多历史名人长眠的地方，文艺复兴三杰之一的拉斐尔就长眠于此。据说万神殿的基础、墙和穹顶都是用火山灰制成的混凝土浇筑而成的，非常牢固。触摸着这千百年的辉煌历史，我们终于明白了为何罗马这座城市又被称为"永恒之都"。万神殿这座建筑最具特点的地方，就是它的圆形穹顶的正中央有一个巨大的圆形洞口，这在常规建筑中是非常少见的。这个圆形洞口让万神殿的内部空间随时都可以接受自然光的照耀，它是万神殿唯一的采光点，光线从顶部涌入并随着太阳位置的移动而改变照射角度。从穹顶洞口涌入的光线，仿佛是来自天界的神圣之光，这光源就像是连接人间与天界的阶梯，圣洁、美丽、庄严。下雨时，从洞口滴落的雨水仿佛是天界之水。万神殿是古罗马精湛建筑技术的绝佳体现，米开朗琪罗曾称赞万神殿为"天使的设计"。

②古老的露天建筑博物馆——古罗马广场遗址

古罗马广场最初建于公元前6世纪，是古罗马时代的城市中心，其中还残留了一些古罗马时期重要建筑的废墟。它是古罗马时期的法律、行政管理、商业和宗教中心，代表性的建筑遗址有

万神殿内部空间的圆
形穹顶

元老院、凯旋门、演讲坛等。最佳的观赏点是高处的观景台，在观
景台上可以看到整个建筑遗迹的全貌。2000 多年前的建筑遗址，能
够这样大规模地保存下来，这在世界上也是为数不多的。漫步于其间，
看到这些建筑遗址的残垣断壁，你能感受到几千年前那个时代的辉
煌。罗马不是一天建成的，它之所以被称为"永恒之都"，是因为
你能在这座城市中感受到时间的沉淀，感受到时空的穿越。这些古
老的建筑就像一部部经典的史书，每一座建筑都值得你细细阅读。
罗马这座城市，有太多故事等待你去探寻。

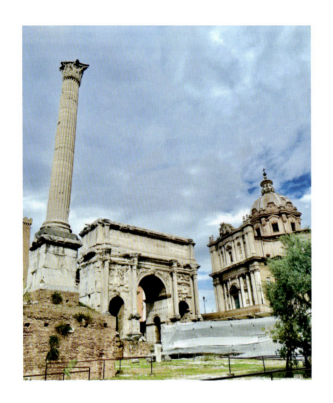

古罗马广场遗址

③古罗马斗兽场

在古罗马广场遗址附近，有一座巨大的，犹如足球场的圆形古老建筑，它就是著名的古罗马斗兽场。它建于公元72—80年，是古罗马时代的代表建筑之一，是古罗马帝国专供奴隶主、贵族和自由民观看斗兽或奴隶角斗的地方。它的占地面积约为2万平方米，这座庞大的建筑据说可以容纳近9万名观众。此斗兽场建在曾经的罗马皇帝尼禄的"金宫"原址之上，这个宫殿于公元64年罗马发生的大火中被烧毁。斗兽场这种建筑形态起源于古希腊时期的剧场，当时的剧场都是傍山而建，呈半圆形，观众席就在山坡上层层向上延伸。

到了古罗马时期，建筑师设计师将两个半圆形的剧场对接起来，因此形成了所谓的圆形剧场。现代出现的圆形体育场、足球场等，就是沿用了此种圆形剧场的设计方式。位于斗兽场西侧的君士坦丁凯旋门，是古罗马凯旋门中最大、最著名，也是保存最完好的一座，法国巴黎的凯旋门就是以它为蓝本设计、建造的。这座世界著名的斗兽场，是人们来罗马旅行的必去之地。英国著名作家查尔斯·狄更斯在1846年游览完斗兽场后，对它做出了这样精彩绝伦的评价："这是人们可以想象的最具震撼力的、最庄严的、最隆重的、最盛大的、最宏伟的、最崇高的，同时又最令人悲哀的形象。在那个年代，这座宏大的角斗场那巨大的、充满强劲生命力的形象没有感动过任何人，现在它成了废墟，却能感动每一个看到它的人。"

古罗马斗兽场遗址外景

④圣天使桥和圣天使城堡

圣天使桥是公元 134 年由罗马皇帝哈德良兴建的，它的历史非常悠久。它位于罗马的台伯河之上，连接市中心与哈德良皇帝新建的陵墓，即现在的圣天使城堡。圣天使桥是罗马城中非常美丽的桥梁，桥上有 12 尊天使的雕像。这 12 尊天使都来自意大利著名的雕塑家贝尔尼尼和他的工作室。贝尔尼尼是意大利雕塑家、建筑师、画家，早期杰出的巴洛克艺术家，17 世纪伟大的艺术家之一。罗马这座城市里很多著名的雕塑都出自贝尔尼尼之手。圣天使桥上 12 尊天使的造型美轮美奂，精致典雅。桥上 2 尊由贝尔尼尼亲自雕刻的雕像，其真迹已被保存起来，替换成了 2 尊复制品。顺着圣天使桥往前走，映入眼帘的这座历史悠久的城堡就是著名的圣天使城堡。

圣天使城堡，最初是在公元 2 世纪，由罗马皇帝哈德良设计并亲自指挥建造的。其用途是作为哈德良皇帝自己以及其继承者的安息之地。在漫漫的历史长河中，十几个世纪过去了，圣天使城堡也经历了很多角色的变化：首先是成为用于军事防御的城堡要塞，然后被作为监狱使用，最后又改建成了一座华丽的罗马教皇宫殿，现在又成为博物馆。除了收藏有罗马皇帝和教皇的住宅家具外，古代的武器也是馆内的珍贵藏品。圣天使城堡顶层的平台是眺望罗马市区和梵蒂冈的绝佳地点，城堡顶层的露天咖啡馆更是平台上的最佳观赏地，从这里可以看到如画般的风景。

19世纪法国风景画家卡米耶·柯罗（1796—1875）笔下的圣天使城堡与圣天使桥

圣天使桥上的天使雕像

⑤三大广场：西班牙广场、威尼斯广场、纳沃纳广场

西班牙广场位于罗马圣三一教堂所在的山丘下，曾出现在电影《罗马假日》中，它因此成了所有人都知道的罗马旅游名片。在《罗马假日》中，赫本那清新靓丽的倩影似乎已经与西班牙广场以及美丽的罗马融为一体，成为人们心里永远挥之不去的美丽记忆。这里有很多为人画像和卖鲜花的小摊，在广场的台阶上坐下来，很自然地就能感受到一种浪漫悠闲的氛围。西班牙广场的台阶上建有古埃及的方尖塔，方尖塔的后面是圣三一教堂。广场四周有一些英国式的茶馆，是18世纪建成的，司汤达、巴尔扎克、瓦格纳、李斯特、勃朗宁等文豪和艺术家们都曾在这一带居住，因此这里也是文学艺术爱好者必去的地方。

西班牙广场，电影《罗马假日》曾在这里取景

威尼斯广场位于罗马市中心，是仿照威尼斯的圣马可广场建造的，广场周边有许多历史建筑、博物馆和美术馆。这里是游客步行前往西班牙广场和真理之口等景点的必经之地。这个广场里有一座由白色大理石建造的新古典主义建筑，它被戏称为"结婚蛋糕"和"打字机"，是为了庆祝1870年意大利统一而建造的，耗时25年才建成。

纳沃纳广场位于罗马历史区的中心地带，与万神殿毗邻。巴洛克式的宫殿建筑、精美绝伦的喷泉、充满浪漫情调的咖啡馆为它赢得了"罗马最美广场"的美誉。这里有3座美丽的喷泉——四河喷泉、海神喷泉和摩尔人喷泉。在这里经常会看到一些很棒的露天演出，这里也是人们来罗马旅行的必去之地。

⑥许愿池

特莱维喷泉又称为"少女喷泉"，它更为人所熟悉的名字是"许愿池"，它是全球最大的巴洛克式喷泉，在电影《罗马假日》风靡全球后闻名全世界。这座喷泉是罗马最漂亮的雕刻艺术作品之一，据说历时30年才建成。傍晚的时候来看，加上灯光和天空的色彩，更能感受到一种梦幻般的美。在夜幕灯光的映衬下，这座美轮美奂的喷泉雕塑会呈现出一种如同舞台般的戏剧效果。

⑦波各赛美术馆

波各赛美术馆以收藏意大利巴洛克风格的雕塑和文艺复兴时期的绘画著称，是人们来到罗马必去的美术馆之一。波各赛美术馆本来是罗马的一位贵族——西皮奥内·波各赛的别墅，波各赛是巴洛克艺术家贝尔尼尼的赞助者，也是著名的收藏家。

1613 年建成的这座巴洛克风格的别墅直接被改成了美术馆，陈列品以波各赛的收藏品为主，一楼展示雕刻收藏品，二楼展示绘画收藏品。美术馆中收藏了大量贝尔尼尼及拉斐尔等艺术家的作品。二楼的绘画收藏品中有拉斐尔的《基督的葬礼》、提香的《圣爱与俗爱》、卡拉瓦乔的作品等。1 号大厅是波各赛美术馆的亮点之一，在这里你可以欣赏到卡诺瓦为拿破仑的妹妹创作的大理石像，其姿态十分优雅，宛若维纳斯。2～4 号大厅内陈列着贝尔尼尼的早期雕塑作品，其中《大卫》《阿波罗与达芙妮》十分值得一看。参观完波各赛美术馆，你能够更深入地了解罗马这座城市的艺术历史。

罗马是一座艺术资源很丰富的城市，除了刚才提到的那些艺术

波各赛美术馆华丽的内部空间

波各赛美术馆雕塑作品
《阿波罗与达芙妮》作
者：贝尔尼尼（1598—
1680）

圣地之外，还有值得去"打卡"的真理之口、罗马歌剧院，位于罗马新城区的意大利文化宫（现在是芬迪的总部）、贾尼科洛山、罗马之门、罗马之门附近的复古市集、奎里纳莱宫、人骨教堂、罗马现代艺术美术馆、国立21世纪艺术博物馆等。如果时间充足，这些地方都值得游览一番。

行走在罗马的街头，就像行走在电影中。罗马这座"永恒之城"，本身就是一个巨大的艺术博物馆。罗马是一座充满艺术感的神奇城市，你会不经意间就在街头邂逅一座巴洛克风格的建筑，或者在某个街角看到一尊几百年前创作的精美雕塑，或者偶遇一个美好的人……这座城市，总会让你在不经意间，发现美好。

我们这一次的罗马之行暂时告一段落，下一个行程会更加精彩。我们会穿越到文艺复兴时期，深度游览意大利的多个城市，跟随着文艺复兴时期的艺术家们，开启一段崭新的奇幻旅程。

03 文艺复兴奇幻艺术之旅

　　此刻，我漫步在佛罗伦萨这座艺术之城，被这里唯美典雅的浪漫氛围所深深吸引。佛罗伦萨无处不弥漫着艺术气息，这座城市就像一座露天的艺术殿堂，漫步其中，眼前的一切都显得如此梦幻，仿佛童话世界：华丽典雅的皇宫、美轮美奂的圣母百花教堂、宏大而奇幻的中央穹顶、金碧辉煌的天堂之门、藏品丰富的美术馆和博物馆……这是一座唯美又带有神秘色彩的城市。

从远处眺望佛罗伦萨的圣母百花教堂

　　漫步在佛罗伦萨，你会很容易迷失，迷失在这片艺术森林之中，仿佛自己的灵魂被浪漫地放逐。此刻，我听到广场上的流浪音乐家用小提琴演奏出一段古老而悠远的音乐旋律，这旋律就像是文艺复兴时期游吟诗人的音乐诗歌。这动听的曲调把我带回了500年前的佛罗伦萨，我仿佛回到了那个神奇的时代，那个闪耀着永恒艺术之光的经典时代。

这个经典的时代就是西方艺术史上著名的文艺复兴时期。从某种意义上说，佛罗伦萨是文艺复兴的发源地之一。拥有传奇色彩的美第奇家族，是佛罗伦萨13—18世纪在欧洲拥有强大势力的名门望族。美第奇家族酷爱艺术，在其保护和资助下，有许多名人大家齐聚佛罗伦萨：桑德罗·波提切利、达·芬奇、但丁、伽利略、拉斐尔、米开朗琪罗、多纳泰罗、乔托、提香、薄伽丘、彼特拉克、瓦萨里、马基雅维利等，正是因为这些卓越的艺术家创造了那么多闪耀着文艺复兴光芒的作品，佛罗伦萨才成为文艺复兴的发源地之一，成为欧洲文化艺术的中心。那些经典的绘画、文学、雕塑、建筑、音乐等，也像恒星一样永远闪耀在人类文明史的浩瀚星河之中。

让我们将历史重叠，当文艺复兴在欧洲萌发时，14—16世纪的中国正处于明朝。当时，在这个星球上，东方与西方处于两个不同的时代背景下。从某种意义上说，文艺复兴揭开了欧洲近代史的序幕。文艺复兴是14世纪中叶至16世纪在欧洲发生的思想文化运动，它深刻地影响了欧洲的文化生活。最早以意大利为中心，与文艺复兴相关的城市有佛罗伦萨、威尼斯、热那亚、米兰、那不勒斯、罗马等。文艺复兴从意大利开始，至16世纪传播到欧洲其他地区，其影响力在艺术、建筑、哲学、文学、音乐、科学技术、政治、宗教等方面都得到了充分的体现。

（1）文艺复兴时期的美术

文艺复兴到底"复兴"的是什么呢？文艺复兴以复兴古典艺术为起点，然后推及科学、文化、经济乃至整个社会和人的思想观念。文艺复兴时期的绘画作品描绘了古希腊罗马神话和普通人的生活，赞美自然，同时表达了一种更理想化的审美方式。

13—14世纪，佛罗伦萨画派创始人乔托，将哥特式雕刻的写实风格和拜占庭式绘画的明暗透视法结合起来，奠定了文艺复兴艺术的现实主义基础。15世纪，多纳泰罗、马萨乔、波提切利等画家，在各自的作品中独辟蹊径，各有千秋。桑德罗·波提切利的代表作《春》《维纳斯的诞生》，都是我们非常熟悉的经典作品，他从但丁和薄伽丘的鸿篇巨制及古代神话中汲取灵感，他的作品给人一种诗意与自由之感。

《维纳斯的诞生》 作者：桑德罗·波提切利（1446—1510）

15 世纪末至 16 世纪中叶，文艺复兴三杰将意大利文艺复兴时期的绘画艺术推向了顶峰。

①达·芬奇

达·芬奇（1452—1519），绘画史上的伟大画家，他涉及的领域非常广，遍及绘画、雕塑、建筑、音乐、数学、工程、文学、解剖学、地质学、天文学、植物学、古生物学和制图学等。据记载，达·芬奇的里拉琴弹得不错，他首先是作为一个音乐家而不是画家或者发明家在米兰出名的。他的著作《哈默手稿》中蕴含了大量早期的科学知识，而且其精密与复杂程度仍可与现代社会的科学技术相媲美。达·芬奇一生有着传奇的经历，他曾游历意大利及法国的多个城市，晚年极少作画，潜心科学研究。他一生完成的绘画作品并不多，但件件都是经典的不朽之作，其作品具有非常鲜明的个人风格，并善于将艺术创作和科学探讨结合起来。达·芬奇在美术理论方面也有卓越的成就，人们从他的大量手稿笔记中整理出《绘画论》，这本书集中体现了他的美学思想。

达·芬奇的代表作有：《基督受洗》《圣母子与圣安娜》《最后的晚餐》《蒙娜丽莎》《施洗者圣约翰》等。

"上天有时将美丽、优雅、才能赋予一人之身，令他之所为无不超群绝伦，显出他的天才来自上苍而非人间之力。莱昂纳多正是如此。他的优雅与优美无与伦比，他的才智之高可使一切难题迎刃而解。"这是文艺复兴时期的传记作家瓦萨里对达·芬奇的赞美。

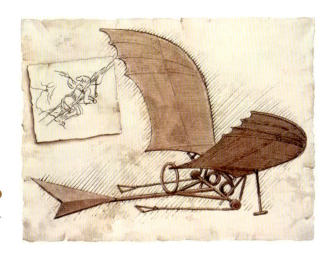

达·芬奇设计的飞行
器手稿

《蒙娜丽莎》　作者：
达·芬奇

②米开朗琪罗

"我在大理石中看见天使，于是我不停地雕刻，直至使他自由。"——米开朗琪罗

"世界上只有一种英雄主义，就是看清生活的真相之后依然热爱生活。"——罗曼·罗兰《米开朗琪罗传》

米开朗琪罗（1475—1564），意大利文艺复兴时期伟大的绘画家、雕塑家、建筑师和诗人。他一生在自己的艺术领域潜心探究，他不像达·芬奇那样充满科学精神和理性思维，而是在艺术作品上倾注了自己满腔的艺术激情。世界上最大的教堂——梵蒂冈的圣彼得大教堂，其宏大的中央圆顶是由米开朗琪罗设计的。西斯廷礼拜堂的巨幅天顶画《创世纪》，是他的代表作之一。正是在他的艺术作品里，文艺复兴时期的人文主义思想得到了全面而鲜明的表达。他过人的精力，雄心勃勃的创作，深邃的思想，无所畏惧的性格，使他的艺术作品成为西方美术史上永恒的经典之作。

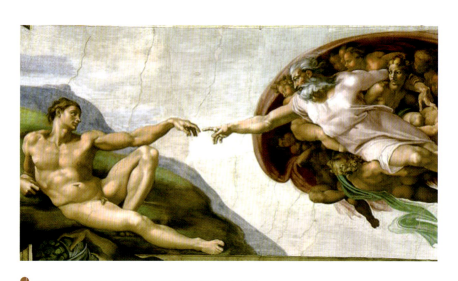

天顶画《创世纪》（局部）　作者：米开朗琪罗

米开朗琪罗的代表作有：西斯廷礼拜堂的天顶画《创世纪》、祭坛画《最后的审判》，雕塑《大卫》《晨》《暮》《昼》《夜》《摩西像》《偷吃禁果》《哀悼基督》等。

③拉斐尔

拉斐尔（1483—1520），西方绘画史上的伟大画家，文艺复兴三杰之一，他的作品体现了文艺复兴鼎盛时期典雅、优美、具有高度技巧的艺术特点，是现实美与理想美的统一。他的性格平和、文雅，他创作出了大量的圣母像，他的作品充分体现了协调、和谐、对称以及完美和恬静的艺术感。他的经典代表作《雅典学院》具有强烈的人文主义思想，并且他在作品中致敬了同时代的两位大师——达·芬奇和米开朗琪罗，这幅作品现收藏于梵蒂冈博物馆。他的代表作《西斯廷圣母》是他于1513—1514年为梵蒂冈西斯廷教堂内的礼拜堂创作的一幅油画，现收藏于德国德累斯顿的茨温格宫古代艺术大师馆。

拉斐尔的代表作有：《雅典学院》《巴尔纳斯山》《圣典辩论（圣礼之争）》《西斯廷圣母》《草地上的圣母》。

15世纪末至16世纪上半叶，发源于意大利威尼斯城的威尼斯画派，在作品中对世俗生活更为关切。该画派的代表人物有贝利尼、提香、柯罗乔等。16世纪初出现于意大利佛罗伦萨的样式主义，其代表人物有瓦萨里、切利尼等，上承文艺复兴，下启17世纪的巴洛克艺术，艺术技巧精湛。文艺复兴时期的绘画艺术，除了意大利的画派，尼德兰画派也独具艺术特点，其代表人物有康宾、勃鲁盖尔等。以上画派的作品都深刻地影响了欧洲美术史的进程，启迪了巴洛克时期艺术创作的新风格。

《西斯廷圣母》作者：拉斐尔

（2）文艺复兴时期的音乐

　　谈到文艺复兴时期的音乐，大部分非专业人士应该并不熟悉。对于很多专业学音乐的人来说，文艺复兴时期的音乐，也只是出现在关于西方音乐史的书籍中。相较于西方音乐中后来出现的巴洛克风格、古典主义和浪漫主义，文艺复兴时期的音乐并没有太多让我们印象深刻的作品。但是在14—16世纪的文艺复兴时期，欧洲音乐确实经历了非常重要的发展阶段。

　　这时的音乐家在人文主义思潮的推动下，更加追求人性的解放。与之前的中世纪完全不同，文艺复兴时期的作品更重视对人的内心情感的抒发与表达，这种对音乐情感表达的渴望，促进了世俗音乐的发展。文艺复兴时期的欧洲音乐文化在创作手法和发展上都被提升到了一个新的高度，音乐家们对复调音乐进行了发展和变革，声乐与器乐逐渐分离且独立发展。在这一时期，五线谱已得到完善，印刷术也被运用到曲谱上，加上乐器制造技术的进步，众多优势条件让音乐艺术在这一时期得到了快速的发展。

　　歌剧的诞生，可以说是欧洲文艺复兴时期音乐的伟大成就之一。歌剧是一种概括了音乐、诗歌、舞蹈、编剧、舞台美术、化妆、灯光、演出艺术等因素，把音乐作为重要表达手法的综合型艺术。法国的香颂和意大利的牧歌，都深刻地影响了后世的抒情歌曲。

《圣则济利亚与天使》
作者：卡洛·萨拉切尼
（画中右侧人物演奏的是文艺复兴时期风靡一时的乐器鲁特琴）

在音乐理论领域，文艺复兴时期的和声学集大成之作是扎利诺所著的《和声规范》。这部著作标志着和声第一次被当作一种音乐技法来研究，是西方第一部关于和声的理论专著，为西方古典音乐的纵向创作思维奠定了基础。

文艺复兴时期音乐的代表乐派有勃艮第乐派、弗兰德斯乐派、威尼斯乐派和罗马乐派，代表人物有奥克冈、帕莱斯特里那、蒙特威尔第等。从某种意义上说，欧洲音乐如果没有文艺复兴时期的铺垫，后世就不会有那么多经典的音乐作品诞生。

在互联网上可以找到很多文艺复兴时期的音乐作品，让我们听着文艺复兴时期的音乐，开启这场艺术漫游之旅。接下来的旅程，我们会走遍意大利的佛罗伦萨、米兰、威尼斯等知名城市以及梵蒂冈。

04 艺术漫游：佛罗伦萨—梵蒂冈

（1）佛罗伦萨旅行

徐志摩有一首诗歌，叫作《翡冷翠的一夜》。"翡冷翠"就是佛罗伦萨。佛罗伦萨在意大利语中意为"鲜花之城"，这里经常蓝天白云，阳光灿烂。这座历史文化名城有着太多的故事，它是欧洲文艺复兴运动的发祥地、欧洲歌剧的诞生地，全市有 40 多个博物馆和美术馆。佛罗伦萨国际当代艺术双年展，与威尼斯双年展、米兰三年展并称"意大利三大艺术展"。现在的佛罗伦萨，还保留着600 多年前的中世纪古城的模样，景点之间相距不远，最好的游玩方式就是步行，这座城市有很多值得我们去感受的地方。

①圣母百花大教堂

圣母百花大教堂，世界上著名的大教堂之一，是意大利文艺复兴时期的代表建筑。

这座美丽的教堂拥有典雅优美的外观，被命名为"花之圣母"。如果你身临其境地看到这座美丽神奇的建筑，你一定会被它的光辉所震撼。在美第奇家族的财力支持下，豪华的艺术家阵容，如乔托、布鲁内莱斯基、瓦萨里等佛罗伦萨当时的艺术巨匠们，都加入了这座教堂的建设。此建筑的设计师布鲁内莱斯基像创作一首交响乐一样设计了大穹顶的空间结构，整座建筑拥有完美的比例。它精致典雅，华丽又不失庄严，每一个起承转合都有律动的美感。曾经有音

佛罗伦萨圣母百花大教堂
外景

乐家专门为此建筑创作了一首协奏曲。

　　圣母百花大教堂建筑群由大教堂、乔托钟楼和洗礼堂构成，登上穹顶和钟楼是参观此建筑必体验的项目。登上穹顶，你可以近距离欣赏穹顶内瓦萨里创作的巨型壁画，而登上钟楼则可以拍到大穹顶的全景照片。圆顶内部是米开朗琪罗的学生、文艺复兴绘画艺术家瓦萨里绘制的天顶画《末日审判》，大厅的墙壁上有为纪念但丁诞辰 200 年所绘的《但丁与神曲》。登上教堂北侧的圆屋顶，可以俯瞰整个佛罗伦萨老城区的街景，让人有一种梦幻般的体验。

　　大教堂建筑群中的洗礼堂，有一扇金色大门，它就是被米开朗琪罗誉为"美到只能装饰天堂"的天堂之门。这座浮雕的真品完全用黄金制造。真迹由于太珍贵，目前被保存在大教堂美术馆中，而游客们看到的装在洗礼堂门上的作品是复制品。圣母百花大教堂，是佛罗伦萨这座城市的完美象征，是每一个来到佛罗伦萨的旅行者必去的地方。

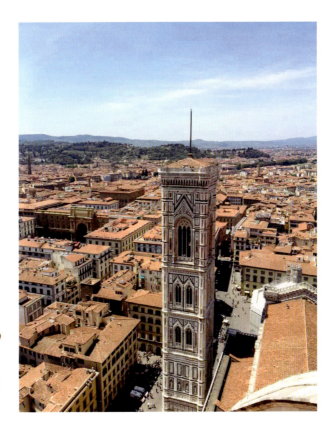

登上教堂的穹顶可以看到佛罗伦萨市区的美丽风景

②乌菲齐美术馆

乌菲齐美术馆，是世界上非常著名的绘画艺术博物馆，其收藏品达 2500 件之多。乌菲齐美术馆曾经是美第奇家族的政务厅，以收藏欧洲文艺复兴时期和其他各画派画家的代表作品而驰名世界，是一座极具象征意义的艺术殿堂。这里收藏了达·芬奇、米开朗琪罗、拉斐尔、丁托列托、伦勃朗、鲁本斯、凡·戴克等艺术家的作品。对于艺术爱好者来说，乌菲齐美术馆无疑是世界知名美术馆中的必去之地。

乌菲齐美术馆藏品《音乐天使》 作者：罗素·菲伦蒂诺 创作年份：约在1521年

乌菲齐美术馆藏品《微醉的酒神巴克斯》
作者：卡拉瓦乔（1571—1610）

乌菲齐美术馆的镇馆之宝有杜乔·迪·博尼塞纳的《圣母子》、马蒂尼的《圣母领报》、波提切利的《维纳斯的诞生》和《春》、达·芬奇的《三王礼拜》、拉斐尔的《金丝雀圣母》、米开朗琪罗的《圣家族》、提香的《花神》，还有卡拉瓦乔的很多经典画作。

③佛罗伦萨国立美术学院

佛罗伦萨国立美术学院最早创立于1339年，是世界最早的美术学院。其首任院长为米开朗琪罗的学生、著名的艺术家、艺术史论家瓦萨里。这里从1785年开始变成国立美术学院，这所院校有"世界美术学院之母""四大美术学院之首"的地位和美誉。这是一所大师云集的学校，自文艺复兴时期以来，很多的艺术大师都与这所学校有着深厚的渊源。佛罗伦萨国立美术学院的美术馆收藏了米开朗琪罗的雕塑作品《大卫》的原作，这里是众多艺术家、学者、旅行者心中的艺术圣地。

④米开朗琪罗广场

米开朗琪罗广场是佛罗伦萨城市美景的绝佳观赏地。它位于佛罗伦萨市区南端的高地上，站在广场上可以眺望佛罗伦萨市的全景。米开朗琪罗广场由朱塞佩·波吉设计，始建于1868年。从广场向佛罗伦萨城内望去，红色砖瓦、古式建筑、圣母百花大教堂的圆顶等风景都看得清清楚楚。米开朗琪罗广场的落日风光非常美，在落日余晖下欣赏佛罗伦萨的城市风景，仿佛置身电影般浪漫美妙。

米开朗琪罗广场上的
大卫雕像

⑤皮蒂宫

　　皮蒂宫是佛罗伦萨著名的建筑之一，也是我非常喜欢的艺术宫殿。皮蒂宫最初是佛罗伦萨银行家卢卡·皮蒂的住所，之后被美第奇家族购买，并作为托斯卡纳大公的主要住所。通过世世代代的累积，皮蒂宫储藏了大量的艺术品、珠宝和世界各地的宝藏。18世纪后期，皮蒂宫曾被当作拿破仑·波拿巴的权力中心。统一后的新意大利皇室也曾在此短暂居住。

　　皮蒂宫内有收藏着拉斐尔等名家作品的帕拉蒂纳美术馆和银器博物馆、现代艺术馆、服装博物馆、音乐厅等，总称为"皮蒂美术馆"。

皮蒂宫内丰富、精美的艺术藏品令游客们叹为观止。皮蒂宫内有一个美丽的公园——波波里公园。当时，每逢节日美第奇家族都会在花园里举行盛大的音乐派对，其场面之盛大，在佛罗伦萨无人能比。在公园的高处可以眺望佛罗伦萨的城市风景。皮蒂宫是一座集艺术、奢华、典雅于一体的宫殿，现在有些艺术活动，如音乐会、时尚活动等也会在这里举办。

皮蒂宫的天顶画

（2）梵蒂冈旅行

梵蒂冈圣彼得大教堂

　　告别了美丽的佛罗伦萨，继续我们的文艺复兴艺术之旅，接下来的这一段旅程会给我们带来更多的惊喜。

　　让我们追随着文艺复兴艺术大师们的足迹，来到著名的"国中之国"——梵蒂冈。世界上最大的教堂位于世界上最小的国家，这个国家就是梵蒂冈。它是一个非常神奇的国度，在1984年被联合国教科文组织列入《世界遗产名录》。虽然国土面积仅有6个足球场那么大，但是其境内几乎全是世界文化遗产——可以媲美卢浮宫的梵蒂冈博物馆、作为世界天主教中心的圣彼得大教堂，以及外观好似玫瑰十字形钥匙的圣彼得广场。梵蒂冈意为"先知之城"，这里有很多文艺复兴时期的艺术杰作。

① 梵蒂冈博物馆

梵蒂冈博物馆，是世界上非常著名的艺术博物馆，总面积达 5.5 万平方米，有 6 千米长的展示空间。它的前身是教皇宫廷，主要用于收集和保存稀世文物和艺术珍品。这是一座内容丰富的博物馆，若要欣赏完这里的藏品，需要很长的时间。这里拥有 12 个陈列馆和 5 条艺术长廊，汇集了古埃及、古希腊、古罗马以及文艺复兴时期的艺术佳作。梵蒂冈博物馆里最著名的两个地方就是拉斐尔画室和西斯廷礼拜堂。拉斐尔画室里最有名的几幅壁画分别是《圣礼之争》《雅典学院》《帕那苏斯山》《三德像》。

《雅典学院》是拉斐尔的代表作，近距离观摩它，你会有一种身临其境之感。拉斐尔以古希腊哲学家柏拉图所建的雅典学院为题，以当时的 7 种人文学科——语法、修辞、逻辑、数学、几何、音乐、

梵蒂冈博物馆名画《雅典学院》 作者：拉斐尔

名画《雅典学院》的局部图，拉斐尔参照达·芬奇的形象创作出了画中左侧的人物柏拉图，表达了拉斐尔对达·芬奇的敬意。不仅如此，拉斐尔为了表现对米开朗琪罗的欣赏与敬仰，将米开朗琪罗的形象也画进了这幅作品中

天文为基础，巧妙地将不同时期的古代哲学家、科学家和艺术家汇聚在一起，这幅作品也表达了他对达·芬奇和米开朗琪罗两位大师的敬意。据说，拉斐尔参照达·芬奇的形象创作出了画中的柏拉图，参照米开朗琪罗的形象创作出了画中的赫拉克利特，他也把自己画进了作品中。

　　西斯廷礼拜堂里，有米开朗琪罗的两幅巨作，天顶画《创世纪》和壁画《最后的审判》。这两个作品可以说是人类绘画史上的恢宏巨作。《创世纪》是米开朗琪罗于1508—1512年，历时4年，在西斯廷礼拜堂大厅的天顶中创作的9幅宗教题材的壁画。其创作灵感来源于《圣经》里的故事，分别为《神分光暗》《创造日月草木》《神分水陆》《创造亚当》《创造夏娃》《原罪·逐出伊甸园》《诺亚献祭》《大洪水》《诺亚醉酒》。其中《创造亚当》是整幅天顶画中最动人心弦的一幕，也是后世最为熟悉的经典之作。另外一幅作品《最后的审判》，是米开朗琪罗在他 60 多岁时，用了 6 年时间绘制而成的，描绘了《马太福音》中的场景。这两幅作品会令你对艺术家充满无限的敬畏，这些艺术佳作已经超越了艺术本身的概念，成为人类文明史上的永恒经典。

②圣彼得广场

进入圣彼得大教堂前，通常会先经过圣彼得广场，它堪称世界上最壮观、最对称的广场，可容纳 50 万人。广场的建设工程由世界著名建筑工程师、艺术家贝尔尼尼亲自监督。贝尔尼尼把广场设计成一把钥匙的形状，两侧由两个半圆形的柱廊环抱，圆柱顶部矗立着 140 座栩栩如生的圣徒雕像，这是一个非常神圣而美丽的地方。穿过广场，我们就到达了圣彼得大教堂。

登顶圣彼得大教堂，
俯瞰圣彼得广场

③圣彼得大教堂

圣彼得大教堂，又称圣伯多禄大教堂，是杰出的文艺复兴时期的建筑和世界上最大的教堂，占地约 23000 平方米。这是一座极具文化意义及艺术价值的建筑，意大利文艺复兴时期的多位建筑师与艺术家都曾参与圣彼得大教堂的设计。教堂内部非常典雅华丽，看过那么多富丽堂皇的皇家宫殿和教堂，仍然不得不承认，圣彼得大教堂的宏大和壮丽是无与伦比的。教堂中央著名的大拱形圆顶是米开朗琪罗的杰作。

圣彼得大教堂珍藏了百余件艺术瑰宝，其中最不容错过的雕刻

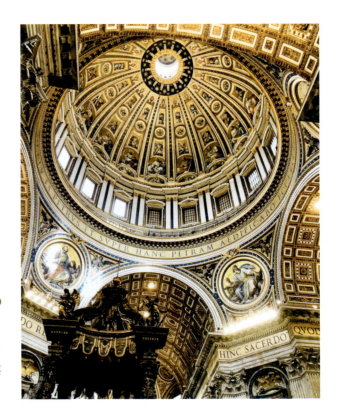

圣彼得大教堂典雅、恢宏的内部空间，巨大的穹顶是米开朗琪罗设计的

圣彼得大教堂局部外景

艺术杰作主要有3件，分别是米开朗琪罗24岁时的成名作《圣殇》、贝尔尼尼雕制的青铜华盖、贝尔尼尼创作的硕大无比的青铜镀金圣彼得宝座。圣彼得大教堂是梵蒂冈的地标，也是艺术与建筑的完美融合。

要探寻文艺复兴大师们的名作，梵蒂冈是必去之地。下一站，我们将在历史文化名城米兰继续这场时空穿越之旅。

艺术漫游：米兰—威尼斯

（1）米兰旅行

米兰是我非常喜欢的欧洲城市，它是意大利第二大城市，欧洲四大经济中心（法国巴黎、英国伦敦、德国柏林、意大利米兰）之一，是世界历史文化名城、歌剧圣地、艺术之都、时尚之都。这里的建筑、时装、艺术、绘画、歌剧的历史悠久、资源丰富，拥有世界四大著名的时装周之一——米兰时装周，拥有世界歌剧的艺术殿堂——斯卡拉歌剧院，拥有世界知名的恢宏教堂建筑——米兰大教堂。米兰是众多一线奢侈品牌的大本营。米兰作为著名的歌剧胜地，全世界有400多部著名歌剧在此首演，包括《图兰朵》《蝴蝶夫人》等。

让我们跟随达·芬奇的脚步漫游米兰这座城市，达·芬奇的艺术作品可以帮助我们更好地了解500多年前的米兰。在15世纪的文艺复兴时期，达·芬奇和米兰有着深厚的渊源。达·芬奇在30岁时来到米兰，在米兰度过了他创作生涯中最辉煌的时期，很多我们熟知的作品都是他在这一时期创作完成的。达·芬奇在米兰留下了很多经典的绘画作品，《最后的晚餐》就是他在米兰创作的，达·芬奇还参与了米兰这座城市的规划与设计。他最大的手稿集册《大西洋古抄本》，其中包含了飞行、武器、乐器、数学、植物学等知识，这个手抄本珍藏在米兰的安布罗西亚纳图书馆。米兰有很多与达·芬奇相关的艺术馆、博物馆。总之，米兰这座城市，有很多值得我们去探寻的故事。

①米兰大教堂

米兰大教堂，是世界上著名的教堂，是一座哥特式的建筑，是米兰这座城市的象征。它于1386年开工建造，历时5个世纪才最终建成。拿破仑曾于1805年在米兰大教堂举行加冕仪式。

米兰大教堂有着非常典雅的外观，主教堂用白色大理石砌成，是欧洲最大的大理石建筑，有"大理石山"之称，美国作家马克·吐温称米兰大教堂是"大理石的诗歌"。米兰大教堂的建造过程虽然经历了不同的时代，但它始终保持着哥特式的建筑风格，据说达·芬奇为这栋建筑发明了升降机，这是欧洲最早拥有升降机的建筑。米兰大教堂也是世界上雕塑最多、尖塔最多的建筑。当你亲眼看到它的那一刻，

米兰大教堂局部外景

米兰大教堂的尖塔

米兰大教堂外立面的
雕塑

你会被它那恢宏、华丽，如梦幻般神奇、如诗歌般美妙的外形所震撼。从不同的角度欣赏这座建筑，你会体会到不一样的美感。教堂大厅内全靠两边的侧窗采光，窗细而长，上嵌彩色玻璃，光线幽暗而神秘，两柱之间的彩色玻璃大窗是哥特式建筑的显著装饰特色之一。

无论是在这座建筑的外立面，还是在内部，你都会发现许多雕像。据了解，这些精美的雕像共有6000多座，仅教堂外就有3000座之多。教堂顶层耸立着135个尖塔，每个尖塔上都有精致的人物雕像。来到米兰大教堂，你一定要登上教堂顶层，因为从这个绝佳的视角看过去，雕像的每个细节都清晰可见。登上教堂顶层还可鸟瞰全市风光，如果运气好，在晴朗的天气中，还可以看到向远处绵延到马特峰的阿尔卑斯山脉风光。米兰大教堂是欧洲非常著名的经典建筑，无论是哥特风格还是巴洛克风格，米兰大教堂都能非常完美地将它们融合在一起，它也因此被称为"全欧洲最折中主义的晚期哥特式建筑"。米兰大教堂不仅是一座华美、恢宏的建筑，也是世界建筑史和世界文明史上的奇迹，我不禁又想起本书开头的那句话，"音乐是流动的建筑，建筑是凝固的音乐"。米兰大教堂，就是建筑中的交响乐。

②斯福尔扎城堡

斯福尔扎城堡，是米兰非常著名的古堡。如果要了解米兰这座城市的历史，这里是必去之地。这里曾经是统治米兰的斯福尔扎家族的居所，有很多艺术家曾参与此古堡的建设与装饰。达·芬奇就规划过堡内的水利工程和剧院内的机械结构，这座建筑和达·芬奇有着很深的渊源。整座城堡是方形平面的，有一个大公园，四周有高墙，内部的城堡博物馆收藏了很多具有极高艺术价值的作品。斯福尔扎城堡内有多个博物馆，包括古代艺术博物馆、家具博物馆、乐器和应用艺术

斯福尔扎城堡外景

博物馆、考古博物馆、斯福尔扎城堡画廊等，你还可以在城堡内看到米开朗琪罗的雕塑作品以及达·芬奇的手稿。

③圣玛利亚修道院

圣玛利亚修道院，这座建筑因达·芬奇的画作《最后的晚餐》而闻名，这幅旷世名画位于教堂餐厅北面的墙壁上。达·芬奇历时 3 年多才完成了这幅作品，为了完成这幅作品，他绘制了无数手稿。这幅作品历经了时代的变迁，在战争中也被非常幸运地保存下来。后世给予这幅作品很多神奇的解读，《达·芬奇密码》中也重点提到了这幅作品，这些留给后世的问题，也许只有创作者本人知道答案。如今，世界各地的旅行者不远万里来到这里，只为一睹这幅旷世名作的真容。

位于圣玛利亚修道院墙壁上的达·芬奇经典画作《最后的晚餐》

④达·芬奇科技博物馆

达·芬奇科技博物馆展示的是达·芬奇在科技领域的天才创想与成就。修建这座博物馆最初的目的是复原达·芬奇手稿中的那些奇妙机械装置，现在它已经成为意大利最大的科技博物馆，并与米兰大学合作，共同研究新的科技项目。

⑤斯卡拉歌剧院

斯卡拉歌剧院，是世界上非常著名的歌剧院，这里是意大利歌剧的象征。作为全世界歌剧表演的圣地，曾有350部歌剧的首演在这里举行，它和歌剧作曲家威尔第有着密切的艺术关联。关于这座歌剧院，本乐章第一节中已经有过详细的介绍。

⑥埃马努埃莱二世拱廊

埃马努埃莱二世拱廊，位于米兰大教堂广场北侧，建于1865—1877年，是为了庆祝米兰摆脱外国势力及新意大利王国的统一而兴建的。廊顶呈拱圆形，顶上装有透明玻璃，这是意大利乃至全欧洲海风，温暖的阳光洒满这座城市，天空是如此的透明，眼前的景象就像一幅色彩绚丽的油画，这座城市仿佛是漂浮在海上的一个蓝色的梦境。

风景画《威尼斯》 作者：卡米耶·柯罗

在意大利半岛的东北角上，在风光旖旎的亚得里亚海沿岸，坐落着威尼斯这座典型的"海中之城"，这里因水而生，因水而美，是世界上唯一没有汽车的城市。这里最常见的交通工具，是一种叫作贡多拉（一种平底且狭长的轻舟）的游船。坐在贡多拉中，欣赏着威尼斯如梦如幻般美丽的风景，我想起了很多与威尼斯有关的音乐作品。这座水上城市曾经流行一种叫作"船歌"的音乐题材。"船歌"源自贡多拉船工所唱的歌曲，后来浪漫主义作曲家们模仿这种歌曲的风格和形式创作了声乐曲和器乐曲。声乐作品如舒伯特的《在水上唱歌》、拿波里民歌《桑塔·露琪亚》、奥芬巴赫的《威尼斯船歌》等，器乐作品如肖邦的《升F大调船歌》、柴可夫斯基的《六月船歌》、门德尔松的《威尼斯船歌》等，这些音乐作品都特别美妙动听。尤其是当你在威尼斯旅行的时候，听到一首动听的威尼斯船歌，你的这段旅程会变得更富有艺术色彩。

　　不仅有无数音乐家吟诵威尼斯这座城市，还有很多画家用画笔描绘出了一个如童话般美丽的威尼斯。在文艺复兴时期，威尼斯画派将威尼斯城里的市井烟火气表现得淋漓尽致。威尼斯画派的最高理想，就是充分显示现世生活的一切美好享受。威尼斯画派的代表画家就是贝利尼、乔尔乔内和提香，他们的作品诗意盎然、色彩绚丽，描绘出了对生活的赞美与热爱。他们精湛的艺术造诣给即将闭幕的意大利文艺复兴时期写下了辉煌的结尾，对欧洲17—18世纪的绘画艺术的发展产生了深远的影响。

威尼斯的城市风景

③威尼斯双年展

威尼斯双年展是一个拥有上百年历史的艺术节，是欧洲最重要的艺术活动之一。它分为威尼斯建筑展和威尼斯艺术展，威尼斯双年展在奇数年（如2017年、2019年）为艺术双年展，在偶数年（如2016年、2018年）为建筑双年展。该活动主要展览当代艺术和建筑艺术作品，也有电影、舞蹈、音乐、戏剧。威尼斯国际电影节就是威尼斯双年展的一部分。威尼斯国际电影节是世界上最早的国际电影节，与戛纳国际电影节、柏林国际电影节并称为"欧洲三大国际电影节"。威尼斯双年展的固定举行地点主要集中在两大展区——绿园城堡和军械库，这两个地方都是拿破仑入侵威尼斯时留下的建筑。威尼斯双年展被誉为"艺术界和建筑界的奥林匹克"，这里吸引了无数来自世界各地的旅行者和艺术爱好者。

④安康圣母教堂

安康圣母教堂是巴洛克艺术大师巴尔达萨雷·隆盖纳的杰作，也是威尼斯这座城市非常著名的旅行名片。1630年黑死病肆虐之际，威尼斯政府决定兴建此教堂献给圣母玛利亚，于是将它命名为安康圣母教堂，它最终于1687年建成。我们在很多描绘威尼斯的西方绘画中都看到过它的身影。它位于大运河汇入圣马可海港之处，犹如一座海上宫殿。这座建筑不仅有着美丽的外观，同时也是一座艺术宝库，教堂里有文艺复兴末期威尼斯画派的画家提香和丁托列托的作品，这里是旅行者来到威尼斯的必去之地。

安康圣母教堂的外景

⑤里亚托桥

里亚托桥是威尼斯最著名的一座桥，最早建于 1180 年，莎士比亚的名剧《威尼斯商人》就是以这里为背景创作的。这座由洁白大理石打造的桥梁造型精美、别致，在桥上可以欣赏到威尼斯运河两岸的美丽风景。

威尼斯是一座内涵丰富的城市：造型精美、华丽的威尼斯总督府；曾被无数文学作品描绘过的叹息桥；"网红打卡"地——涨潮书店；可以看到威尼斯城市全景的威尼斯钟楼和环球免税店天台；威尼斯歌剧的圣殿——凤凰歌剧院；收藏了威尼斯画派名作的威尼斯学院美术馆；还有彩虹岛、玻璃岛等岛屿……威尼斯这座城市，有太多美丽的风景、太多有故事的建筑。

我们总能在威尼斯这座城市发现惊喜，威尼斯也是巴洛克时期伟大的音乐家维瓦尔第的故乡，维瓦尔第曾经在威尼斯度过了漫长的音乐生涯。后面的音乐旅程，我会带读者们走进这位大师的音乐世界。

一位诗人曾经这样描绘威尼斯："在我永不醒来的梦境中，我会回到那些辉煌的年代，看到那些金子一般的人。先是提香、贝利尼和乔尔乔内，接着是维瓦尔第、瓦格纳、拜伦、狄更斯和海明威，还有透纳和罗斯金。他们像我一样，只是威尼斯的路人。来了，又去了，一如圣马可广场上空终年飞过的鸽群。"无数艺术家曾在威尼斯这座城市留下足迹，无论曾经还是现在，这座城市总能给艺术家们带来很多灵感。

威尼斯，是一个漂浮于海上的梦境，等待着你我一同去探寻。

《威尼斯风景画》 作者：卡纳莱托（1697—1768）

《威尼斯风景画》
作者：卡纳莱托

（3）意大利小镇旅行

漫游意大利，你会发现这个美丽的国度有着漫长的海岸线，被蔚蓝的地中海拥入怀中的意大利，有很多浪漫的小镇。这些小镇风景优美，如童话世界般迷人。无论是静谧的田园乡村、历史悠久的古城，还是海岸悬崖边的村落，这些小镇都值得我们放慢脚步，一一探寻。

① 最美海岸线——阿玛菲海岸

与意大利北部的五渔村相比，那不勒斯以南的那条蜿蜒曲折的海岸线，更闻名于世界。它有醇厚的南意风情、灿烂的地中海阳光、蔚蓝清澈的海水，被誉为"最美海岸线"。它就是著名的阿玛菲海岸。这条绵延50多千米的海岸，一路上有很多各具风情的小镇，其中最有名的是波西塔诺、拉维罗、同名小镇阿玛菲，还有苏莲托。

②波西塔诺

"波西塔诺这个地方，当你身在其中时，犹如坠入梦境，当你离开以后，它又如影随形。" 诺贝尔文学奖得主约翰·斯坦贝克曾这样描述波西塔诺。

波西塔诺，是令毕加索、伊丽莎白·泰勒、索菲亚·罗兰等无数名人魂牵梦萦、流连忘返的美丽小镇。它是一个与海洋、高山完美融合的艺术品。它色彩斑斓，拥有精巧、细致的艺术感，许多浪漫的电影都曾在这里拍摄，它是很多人心中的完美梦境。

③拉维罗小镇

拉维罗小镇，是浪漫主义音乐家理查德·瓦格纳寻求创作灵感的地方。瓦格纳于1857年开始创作歌剧《帕西法尔》，在此后20年的时间里，他几乎完成了歌剧的所有部分，除了第二幕的舞台设计。直到他来到位于阿玛菲海岸的高山之巅的拉维罗，在鲁弗洛别

拉维罗小镇，音乐家瓦格纳曾在这里寻找创作的灵感

墅的花园里，他获得了灵感，设计出了第二幕中的魔法花园。拉维罗小镇风景优美，位于高山与海洋之间，许多艺术家都曾驻足于此。

④其他小镇

意大利拥有太多美丽的旅行目的地，除了上面提到的，还有位于意大利南托斯卡纳地区的锡耶纳古城，这座历史古城本身就是一件精美的艺术品，漫步其间，到处都能看到如诗如画的风景和哥特式的建筑。

天空之城——白露里治奥古城，建于 2500 年前，非常神奇的是，它只靠一条狭窄长桥与外界相连，从远处看像一座漂浮在空中的城堡。他就是宫崎骏的动画——《天空之城》的原型。

阿格里真托古城，其历史非常悠久，据说建于公元前 581 年，有很多古希腊风格的建筑。

博洛尼亚，是意大利北部的历史文化名城，城中的建筑多为文艺复兴时期的宫殿、哥特式教堂等，欧洲最古老的波伦亚大学就在这里。

有人说没去过意大利的小镇，就相当于没有去过意大利。意大利有太多风情各异的小镇，当你置身这个国度，如果你细心观察，你会看到更多的美景。有时候旅行就是这样，需要放慢脚步、用心去感受，因为这个色彩斑斓的世界有太多等待我们去探寻的美好。

当读者朋友们读到本书的这个位置，我们的文艺复兴艺术之旅就要告一段落了。在这段旅程中，我们游历了意大利很多美丽的地

阿玛菲海岸的美丽风景

方，欣赏了很多经典的建筑、美术和音乐作品。本书的第一乐章接近尾声，第二乐章的旅行会更加精彩。第二乐章巴洛克时期，我会带领读者朋友们一起穿越到 17—18 世纪，一起去探寻那个时期的艺术故事。

The Second Movement

第二乐章 巴洛克时期

巴洛克时期的美术、音乐、建筑

聆听音乐：巴赫《哥德堡变奏曲》

《哥德堡变奏曲》是音乐家巴赫的代表作，让我们听着这首巴洛克风格的音乐，开启第二乐章的艺术漫游。

这一期的艺术之旅，我将带读者朋友们一起穿越到1600—1750年的欧洲，一起去探寻那个时期的艺术故事。

继文艺复兴艺术时期之后，1600—1750年的欧洲出现了一种新兴的艺术风格，这种艺术风格在时间、空间上的影响都颇为深远，这种风格涵盖了整个艺术领域，包括美术、音乐、建筑、装饰艺术等，内涵也极为复杂。这种艺术风格就是西方艺术史上非常著名的巴洛克风格。

"巴洛克"这个词最早来源于葡萄牙语"Barroco"，意为"不规则的珍珠"，最初特指形状怪异的珍珠。在法语中"Baroque"是形容词，有"华丽凌乱"之意。巴洛克风格代表了17—18世纪中期这一个伟大的艺术时代。在17世纪那个时代背景下，欧洲殖民者强权掠夺海外殖民地，积累了大量的社会财富，他们在生活上提倡豪华享受。经济的繁荣，促进了艺术的蓬勃发展。巴洛克风格无论是在美术、音乐，还是建筑领域，都颠覆了文艺复兴时期严肃、含蓄和均

巴洛克时期的绘画作品
《弹吉他的女子》作者：
约翰内斯·维米尔
创作年份：1670—1672

衡的艺术特点，崇尚纷繁华丽的艺术效果，注重强烈的情感表现，富有热情，这些都是巴洛克艺术风格的标签。巴洛克艺术对于18世纪的洛可可艺术与19世纪的浪漫主义都有着积极而深远的影响。

（1）巴洛克时期的美术

巴洛克时期的美术更加注重对色彩与光线的运用。这个时期的美术作品宏伟壮观、充满动感，更加注重情感的表达。精湛的透视创作，戏剧性的构图，体现出了无限延伸的空间感。在文艺复兴和巴洛克之间的过渡时期以及整个巴洛克时期，出现了很多优秀的艺术家。代表画家有卡拉瓦乔、勃鲁盖尔、鲁本斯、伦勃朗、维米尔等。

①卡拉瓦乔

卡拉瓦乔（1571—1610），意大利画家，属于早期的巴洛克画派，对巴洛克画派的形成有着重要的影响。卡拉瓦乔39年的人生充满了传奇的经历，他过着游侠般的狂乱生活，一生放纵不羁，据说他是犯罪记录最多的艺术家。他惊世骇俗的艺术创作才华吸引了很多艺术赞助人，很多艺术藏家都把他的作品视为奇迹般的存在。卡拉瓦乔具有极强的艺术创作能力，他作画神速，非常注重色彩与光线的表达，他那高深的明暗光线对照画法影响了很多画家。他的很多画作中都凸显了音乐的元素，如他的名作《音乐家们》《丘比特的胜利》等。

卡拉瓦乔的代表作有《酒神巴库斯》《丘比特的胜利》《老千》《音乐家们》《美杜莎》等。

《鲁特琴演奏者》　作者：卡拉瓦乔

《音乐家们》 作者：卡拉瓦乔

②鲁本斯

介绍鲁本斯，就要先从佛兰德斯画派说起。佛兰德斯是西欧的一个历史地名，泛指古代尼德兰南部地区，位于西欧低地西南部、北海沿岸，这里诞生了佛兰德斯画派。

鲁本斯（1577—1640）是出生于德国的佛兰德斯画派的画家，西班牙哈布斯堡王朝的外交使节，也是巴洛克画派早期的代表人物。他一生走遍了欧洲很多国家，不同国家的生活经历也给他的艺术创作带来了很多灵感。他临摹了无数绘画艺术家的名作，奠定了他精湛的绘画水平的基础。他的画作洒脱自如，整体感强，将文艺复兴艺术的高超技巧、人文主义思想和佛兰德斯古老的民族美术传统结合了起来，色彩丰富、极具动感。鲁本斯和另外一位著名画家勃鲁盖尔曾经合作绘画，共同创作了很多经典的艺术佳作。

鲁本斯的代表作有《竖起十字架》《阿玛戎之战》《三美神》《海伦娜·弗尔曼肖像》等。

《海伦娜·弗尔曼肖像》 作者：鲁本斯

③伦勃朗

伦勃朗（1606—1669），荷兰最伟大的画家之一，也是 17 世纪欧洲最伟大的画家之一。他的画作体裁广泛，其艺术风格深刻地影响了整个西方艺术史。伦勃朗擅长肖像画、风景画、历史画等不同题材，一生留下了 600 多幅油画、300 多幅版画和 2000 多幅素描，几乎画了 100 多幅自画像，他旺盛的创作精力和无与伦比的才华，造就了一幅幅永恒的艺术佳作。

伦勃朗对光的运用令人印象深刻，其创作手法精湛高深。他用精确的三角立体光，勾勒出人物的轮廓线，让其余部分隐藏于暗光之中，给人以稳定、庄重的感觉。伦勃朗这种魔术般的明暗处理构成了他的画作中强烈的戏剧性色彩，这种处理方式就是著名的"伦勃朗光线"。这种创作思维深刻地影响了后世的美术和摄影等多个领域。

伦勃朗的代表作有《夜巡》《加利利海上的风暴》《自画像》等。

《加利利海上的风暴》

作者：伦勃朗

④维米尔

维米尔（1632—1675）是荷兰绘画史上非常著名的画家，他与哈尔斯、伦勃朗合称为"荷兰三大画家"。虽然他生活在巴洛克时期，但也有评论说他和伦勃朗的绘画作品区别于巴洛克时期的其他画家。

维米尔的作品大多是风俗题材，基本都取材于市民平常的生活。他的作品温馨、舒适、宁静，给人以庄重的感受，色彩明朗、和谐，他尤其善于表现室内光线和空间感。维米尔的画作喜欢用黄色、蓝色和灰色，他对色彩的把握和光线的处理非常出众。这位画家的作品在艺术史上沉寂了两个世纪之久，直到19世纪才被西方艺术界重新发掘。他最著名的作品就是《戴珍珠耳环的少女》，该作品被誉为"荷兰的《蒙娜丽莎》"。这幅作品现收藏于荷兰海牙的莫瑞泰斯皇家美术馆。画中少女的身份，亦如蒙娜丽莎，是一个千古之谜。

维米尔的代表作有《戴珍珠耳环的少女》《画家和他的画室》等。

《戴珍珠耳环的少女》
作者：维米尔

（2）巴洛克时期的音乐

若要了解巴洛克时期的音乐，就一定要了解那个时期的背景。巴洛克时期是贵族掌权的时期，富丽堂皇的宫廷里奢华的排场正是新艺术的发展中心。经济的发展推动了文化艺术的繁荣，也积极地影响着音乐家的创作。17、18世纪宫廷乐师所写的音乐作品，绝大部分是为上流社会的社交而创作的，主要是为了炫耀贵族的权势和财富，营造轻松、愉悦的气氛。巴洛克音乐的特点是极尽奢华，加入了大量装饰性的音符，运用复调的方式创作音乐，节奏强烈、旋律精致而典雅。

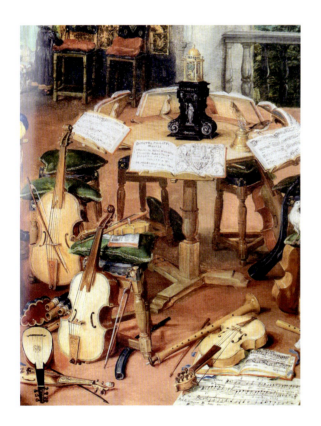

巴洛克时期的绘画作品《听觉》局部图，画中有很多巴洛克时期的乐器、乐谱等音乐元素

作者：老扬·勃鲁盖尔

（1568—1625）

巴洛克音乐是一个经典的、无与伦比的音乐流派。它处在一个风格承前启后的时代，处在一个器乐曲快速发展的时代，处在一个宫廷音乐、宗教音乐与大众音乐并行的时代。法国作曲家拉莫的《和

声学》构建了和声体系，成为近代和声学理论的基础，并且确立了西方古典音乐创作的纵向思维，深刻地影响了后世音乐家的创作。

巴赫、维瓦尔第与亨德尔并称"巴洛克音乐三杰"。其他主要的巴洛克音乐家还有意大利的科莱里、亚历山德罗·斯卡拉蒂、多米尼克·斯卡拉蒂，德国的帕赫贝尔、泰勒曼，法国的吕利、弗朗索瓦·库普兰、让—菲利普·拉莫，英国的普赛尔，等等。

①巴赫

约翰·塞巴斯蒂安·巴赫，又被称为"音乐之父"，他是音乐史上最伟大的音乐创作天才之一，他对于音乐的意义就如同达·芬奇对美术、莎士比亚对文学的意义一样。巴赫出生于音乐世家，自幼就拥有极高的音乐天赋。天生的音乐才华、超强的音乐学习能力，加上后天的不懈努力，造就了他传奇的音乐人生。一部又一部经典的音乐作品，奠定了他在西方音乐史上的极高地位。无数音乐评论家称赞他为"神一般的存在"，他的很多作品将音乐之美表现到了极致，他的音乐如赞美诗一样纯净、唯美，他的音乐极具哲学意义，他的音乐是西方音乐史上永恒的宝藏。

巴赫的代表作有《勃兰登堡协奏曲》《平均律钢琴曲集》《b小调弥撒曲》《哥德堡变奏曲》等。

②维瓦尔弟

安东尼奥·卢奇奥·维瓦尔第，是巴洛克时期的音乐三杰之一，意大利著名作曲家、小提琴家。他出生于意大利威尼斯，自幼就显露出了出众的音乐才华。据说他一生写了将近500首协奏曲，最著名的作品就是他的小提琴协奏曲《四季》。他用唯美的弦乐，表现出春夏秋冬的季节变换，这部《四季》是音乐史上非常经典的作品。维瓦尔第的一生处于欧洲巴洛克艺术的鼎盛时期，他的创作促进了巴洛克时期器乐作品的快速发展，他是标题音乐的先行者，他的作品影响了后世的很多音乐家。

维瓦尔第的代表作有《四季》《荣耀经》《和谐的灵感》等。

③亨德尔

乔治·弗里德里希·亨德尔，是巴洛克时期的音乐巨匠，也是"巴洛克音乐三杰"之一。与巴赫处在同一时代的他不仅有出众的音乐创作才华，同时有着高超的键盘乐器演奏技巧。他出生于德国，他的艺术生涯辗转于英国和德国之间。他曾游历欧洲的很多国家，他的音乐作品涵盖声乐和器乐等多种类型。他创作的《水上音乐》，其旋律动听、唯美典雅，极具巴洛克风格。据说该乐曲是在英国伦敦的泰晤士河上由大型管弦乐队为新即位的英国国王乔治一世演奏的，故有"水上音乐"的美名。

亨德尔的代表作有管弦乐曲《水上音乐》《皇家焰火音乐》和清唱剧《弥赛亚》等，《弥赛亚》中的《哈利路亚》选段流传最广。

巴洛克音乐的旋律富有表现力，曲风典雅唯美，一般节奏较为固定。其主要表现形式为固定低音和复调，巴洛克音乐每分钟约60拍，这一点与我们人类的脉搏和呼吸频率大致相同，它使我们的脉搏和呼吸在这一节拍上趋于中和与稳定。巴洛克音乐不仅有助于音乐疗愈，在现代生活中，无论是看书学习的时候，还是休息的时候，聆听巴洛克音乐，都是非常有帮助的。巴洛克音乐的低振幅、低频率可以诱发并增强我们大脑中的 α 波，使大脑进入最活跃的状态，能让学习、记忆和创造性思维获得充分的施展，从而大大提高学习的效率。

巴洛克时期的音乐静物画《低音维奥尔琴、乐谱与剑》 作者：米歇尔·布瓦耶 创作年份：1693年

（3）巴洛克时期的建筑

巴洛克风格的建筑，是 17 世纪在意大利罗马文艺复兴时期的建筑的基础上发展起来的一种建筑风格。就像巴洛克音乐一样，它追求动感，常用曲线，充满了华丽、复杂的装饰，精巧典雅。巴洛克建筑就像一尊大型雕塑，充满艺术感，欧洲很多建筑的风格都受此影响。巴

洛克风格不仅体现在建筑的外立面上，它在内部空间的设计上也极具特点。建筑师和设计师们打破了建筑、雕塑和绘画的界限，在他们的设计理念下诞生出来的建筑，更具有属于那个时期的艺术风格。在意大利、德国和奥地利等国家，都有很多典型的巴洛克建筑。

巴洛克风格的代表建筑有意大利的罗马耶稣会堂、圣安德烈亚大教堂，德国的罗赫尔修道院教堂、茨温格宫、宫廷教堂等，西班牙的圣地亚哥大教堂等。

德国德累斯顿的宫廷教堂，是典型的巴洛克式建筑

他用音乐，描绘出唯美的四季

聆听音乐：维瓦尔第《四季》

音乐人物：维瓦尔第

安东尼奥·卢奇奥·维瓦尔第（1678—1741），巴洛克时期著名的作曲家、小提琴演奏家，同时也是一位意大利神父。

记得多年前，我不经意间在一家小书店里听到一段动听的背景音乐，美妙的小提琴像诉说故事一样，演奏出悠扬、动人的乐段，跳动

音乐家维瓦尔第

的音符像仙女们欢快的舞蹈，主奏的小提琴和伴奏的弦乐完美地交融在一起，令人感到如此舒适而美好。这段旋律如此温暖，仿佛为我打开了一幅非常美丽的画卷，吸引着我去探寻这音乐背后的故事。我听到的这首唯美的乐曲，就是维瓦尔第创作的著名小提琴协奏曲《四季》。

据记载，维瓦尔第大约在1720年创作了此协奏曲，当时他大概42岁，《四季》这部作品，出自他的弦乐协奏曲集《和声与创意的实验》，距今已有大约300年的历史了。300年前的音乐，如此美妙动人，穿越了300年的漫长时空，在你耳边轻轻诉说。据说这部作品曾沉寂了近200年，在20世纪50年代重新被发现以后，成为最受欢迎的小提琴协奏曲。

最初听到《四季》这部作品时，我就在想象作曲家应该是个怎样的人物。从这美妙的弦乐中，我能够感知到作曲家纯净、善良、柔和的内心。后来我在书上看到了维瓦尔第的画像，从画像中也感知到了他谦和的性格。维瓦尔第出生于意大利的威尼斯，威尼斯这座美丽的城市，赋予了他一种天生的浪漫情怀，于是，他把看到的风景写在了自己的音乐里。

《四季》由春、夏、秋、冬4首独立的协奏曲组成，每一首协奏曲均有快、慢、快3个乐章，所以《四季》这部作品总共有12首曲目。这部作品描述了威尼斯郊外的田园四季的风景，充满了诗情画意。各曲都附有十四行短诗，这些诗歌作为引子来描述乐曲的内容，据说它们也出自维瓦尔第之手。在这些诗歌的描绘下，音乐变得更加具体，更有画面感，更容易让听者产生共鸣。

维瓦尔第《四季》中的第一首十四行诗《春》的意大利原文选段与中文对译如下。

La Primavera （Allegro）

Giunt' è la Primavera e festosetti

La Salutan gl' Augei con lieto canto,

E i fonti allo Spirar de' Zeffiretti

Con dolce mormorio Scorrono intanto

Vengon' coprendo l' aer di nero amanto

E Lampi， e tuoni ad annuntiarla eletti

Indi tacendo questi， gl' Augelletti;

Tornan' di nuovo al lor canoro incanto.

《春》（快板）

春临大地，

众鸟欢唱，

和风吹拂，

溪流低语。

天空很快被黑幕遮蔽，

雷鸣和闪电宣示暴风雨的前奏；

风雨过境，鸟语花香，

再次奏起和谐乐章。

维瓦尔第的音乐，拥有如画般的意境，充满色彩。他的音乐就像

17世纪法国著名风景画家克洛德·洛兰的风景画，静谧、祥和、唯美。

维瓦尔第的《四季》这部作品，每一个季节都独具特点。E大调的《春》洋溢着温暖的情感，用音乐描绘了万物复苏、春意盎然的景象。g小调的《夏》用小调的方式与前面的春季在情绪上形成了鲜明的对比，将夏季暴风雨袭来时的场景描绘得淋漓尽致。F大调的《秋》用欢快的基调、质朴的情感，表现了秋季丰收的场景。f小调的《冬》，我个人认为在创作方式上充满了戏剧性，尤其是《冬》的第一乐章，和声音响极为丰富，带给我一种非常瑰丽的听觉感受，这美妙的音乐已经超越了对冬天的描绘，上升到更高的层次。这一乐章，我们能在很多的电影中听到，因为它太经典了。还有《冬》的第二乐章，用大调的方式创作，和第一乐章形成鲜明的对比，动听的旋律仿佛田园牧

风景画作者：克洛德·洛兰
（1600—1682）

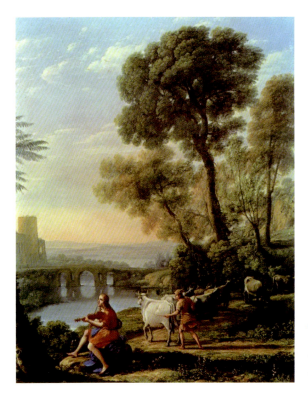

风景画作者：克洛德·洛兰

歌，给人带来极为舒适的听觉感受。

维瓦尔第是巴洛克时期擅长创作协奏曲的音乐家之一，他一生中创作了近500首协奏曲。他的其他很多作品也有非常高的艺术研究价值，如他的代表作《荣耀经》《和谐的灵感》《和声与创意的实验》等，这些作品集收录了很多动听的曲目。

维瓦尔第惯用的协奏曲音乐创作方式，遵循快—慢—快的顺序，这个顺序可以包含丰富的音乐创意、展现绚丽的色彩与和声，不只在当时，甚至之后也沿用了好几个时代。

巴洛克时期确立了西方古典音乐的纵向创作思维。四声部的和声以及加上文字指示和弦的"数字低音"都产生于巴洛克时期，作曲技术的进步与成熟，帮助作曲家们更好地创作有特点的音乐作品。今天我们使用的大部分乐器以及乐器的演奏技巧也是在巴洛克时期逐渐成熟的；奏鸣曲、协奏曲等曲式，还有歌剧等我们所熟知的音乐形式，也都出现在此时期。

维瓦尔弟的《四季》，特别适合在旅行的时候听，你可以把这部作品添加到你常听的歌单里，在不同的季节欣赏，会有不一样的感受。

5 部必听的维瓦尔第音乐作品：

《四季》

《和谐的灵感》

《荣耀经》

《C 大调高音竖笛协奏曲》

《圣母颂歌》

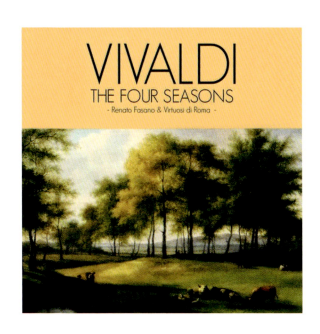

维瓦尔第小提琴协奏曲《四季》唱片封面（雷纳托·法萨诺与罗马合奏团版本）

《水上音乐》和《焰火音乐》

聆听音乐：亨德尔《水上音乐》组曲

音乐人物：亨德尔

乔治·弗里德里希·亨德尔（1685—1759），巴洛克时期著名的音乐家，英籍德国人，创作了很多著名的音乐作品。

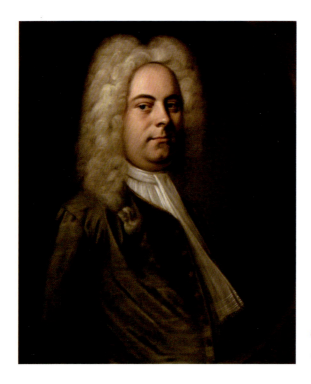

🎵 音乐家亨德尔

《水上音乐》和《皇家焰火音乐》（简称《焰火音乐》），这两部作品的名字听上去就非常有画面感，让我们听着这些音乐，开启新的艺术之旅。

告别了威尼斯的维瓦尔弟，这一次我们将认识另一位巴洛克音乐大师——亨德尔。

1685 年对于巴洛克音乐时期来说，是一个特殊的年份。因为亨德尔、巴赫和斯卡拉蒂刚好都在这一年出生。如果说巴赫和斯卡拉蒂分别在德国和意大利创造了精彩的音乐世界，那么游历欧洲的亨德尔，他在英国留下的印记是最深刻的。

亨德尔出生于德国哈勒，早年在德国生活，后来在英国成就了自己的音乐事业，可以说德国和英国都是他音乐创作历程中很重要的国度。这两个国家都有亨德尔的故居，德国的故居代表了他早年的生活，英国的故居则记录了他成名以后的故事。亨德尔在英国的故居称为亨德尔故居博物馆，这栋故居位于寸土寸金的伦敦西区梅菲尔，这栋房子的 2 层是亨德尔的工作室和演奏室，3 层是他的起居室和卧室。2 层的演奏室中，最醒目的就是下述图片中的这架拨弦古钢琴，它有着胡桃木外壳、双排键盘，外观典雅，在他生活的时代这是最主要的乐器，如今依然能演奏。现在他的故居博物馆依然经常举办音乐会，如果有一天你去了伦敦，可以到位于布鲁克街25 号的亨德尔故居博物馆探寻这位 18 世纪宫廷音乐家的艺术故事。

亨德尔的父亲是一位理发师兼职外科医生，他认为从事音乐是卑贱的，希望自己的儿子能够成为一名律师。然而亨德尔不顾家人的反对，执意学习音乐。25 岁的亨德尔在意大利等国学习音乐归来之后，开始担任宫廷乐长，后来他向往英国的歌剧艺术，远赴英国

亨德尔故居博物馆内景

发展。亨德尔创作的歌剧《里纳尔多》在英国大获成功，并且他凭借着为英国安妮女王创作的《女王生日颂歌》而备受赏识，从此开启了他在英国的音乐事业。

著名的《水上音乐》，是他为英国新任国王创作的作品。《水上音乐》是一部管弦乐组曲，是在英国伦敦的泰晤士河上为新即位的乔治一世演奏的。当时的水上游乐会是英国皇室们非常喜欢的一种夏季活动，而在活动的时候需要用音乐来助兴。于是亨德尔创作了这部曲风华丽的作品，由大型管弦乐队演奏。据说这部作品的演奏时间长达一个多小时，但是国王却要求乐队完整演奏了3遍。亨德尔也因为《水上音乐》重新受到乔治一世的重用。

亨德尔的另外一部代表作《皇家焰火音乐》，是他在晚年为英国皇室创作的宫廷音乐。这部作品创作于1749年，主题是庆祝英法战争结束。据说英国皇室在庆祝仪式上举行了一场焰火表演，而这首《皇家焰火音乐》就是为了配合焰火表演而创作的。

《皇家焰火音乐》由6个乐章组成，整体风格非常辉煌壮丽。这部作品的首演是在伦敦渥哈尔花园进行的，由亨德尔亲自担任指挥。直到现在，英国皇室在举行一些隆重的焰火表演时，仍然会演奏亨德尔的这部《皇家焰火音乐》组曲。

亨德尔的音乐创作手稿

《弥赛亚》可以说是亨德尔的又一部代表作，由亨德尔所创作的《弥赛亚》是全世界范围内被演唱最多次的清唱剧。其中的选段《哈利路亚》最为经典，是大家耳熟能详的作品。据说在《弥赛亚》公演的夜晚，当演唱到第二幕终曲《哈利路亚》时，包厢里的英国国王肃然起立跟着合唱，于是全场随之起立合唱。因此形成了一个惯例：此后《弥赛亚》每次公演到第二幕终曲时，全场都会起立齐唱《哈利路亚》。

用现在的话来讲，这首《哈利路亚》是一部现象级的音乐作品，这部作品给当时的欧洲带来了非常高的社会价值：许多贫穷的人因《弥赛亚》的演出而多少能获得些帮助；许多医院更因此被建造或改建；很多人因为唱《弥赛亚》而获得心灵上的鼓舞，这就是音乐的力量。

亨德尔是巴洛克时期的宫廷音乐大师，也是一个非常擅长自我推广的音乐家。亨德尔主要的成就在歌剧及清唱剧等声乐作品方面。和他同时代的巴赫，虽然两人是同一年出生的，但他们在世时，巴赫的知名度不及亨德尔，直至很多年以后，巴赫的音乐光芒才开始普照整个西方音乐界。巴赫在谈到亨德尔时曾说："他就是我希望成为的那个人。"

"假如我的音乐只能使人愉快，

我很遗憾，

我的目的是使人们高尚起来。"

——亨德尔

5 部必听的亨德尔音乐作品：

《水上音乐》

《皇家焰火音乐》

《森林音乐》

《弥赛亚》

《降 B 大调竖琴协奏曲》

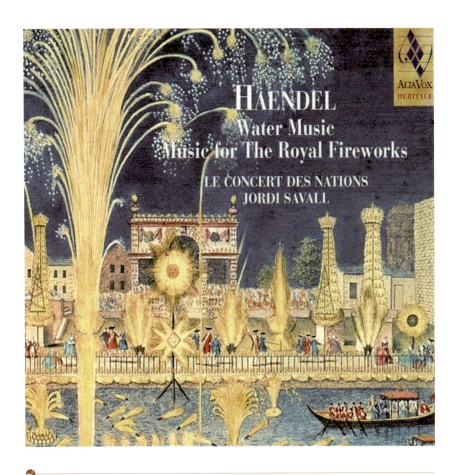

《亨德尔水上音乐与皇家焰火音乐》唱片封面（霍尔迪·萨瓦尔与巴洛克和古典乐团国家协奏团版本）

巴赫的音乐哲学

聆听音乐：巴赫《G弦上的咏叹调》

（1）音乐人物：巴赫

约翰·塞巴斯蒂安·巴赫（1685—1750），德国人，是巴洛克时期著名的音乐家。他是一位非常多产的音乐家，一生创作了很多不同体裁的作品，被视为音乐史上最伟大的作曲家之一，又被称为"音乐

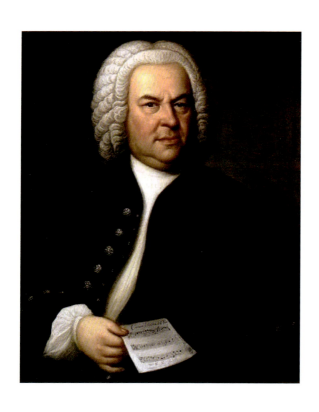

音乐家巴赫

之父"。其代表作有《十二平均律》《哥德堡变奏曲》《勃兰登堡协奏曲》《d小调托卡塔与赋格》等。

卡拉扬曾经说过："每天清晨的第一件事就是聆听巴赫的音乐，这好似清泉流淌经过心灵，有助于我校正听力。"

当贝多芬听到巴赫的音乐时，他说："这不是小溪，这明明是大海。"

当歌德听到巴赫的音乐时，他说："巴赫《G弦上的咏叹调》就如永恒的，和谐自身的对话……"

艺术史上有太多关于巴赫的评价，巴赫就是这样一个神圣的存在，他创作的音乐的光芒如同恒星，照耀着古典音乐界，他的作品影响了一代又一代作曲家。巴赫在音乐史上的地位是非常高的，他一生创作了浩如烟海的作品，他的音乐穿越了漫长的时空，流传了数百年，被无数后人欣赏、珍藏……

巴赫的音乐是我非常喜欢的，每次聆听，都会有一种心灵宁静之感。巴赫的很多音乐自带神圣的光芒，充满了哲学思考。他的作品运用了大量的复调创作技法，声部很多，具有很强的结构感与立体感，巴赫破解了音符之间无穷无尽的组合之谜，他的音乐达到了一种最高境界的平衡。

我在本节开头推荐的这首音乐，就是巴赫著名的作品《G弦上的咏叹调》。

这首美妙动听的乐曲，让我想起了一位艺术家的名言："任何作品都带有奔腾流逝着的时间。它既沉浸在亘古洪荒之内，又蕴含于最遥远的未来之中。"这部经典的作品，让我听到了时间的流动，让我听到了时间在音乐中的流动。安静唯美的旋律、柔和温暖的音响，让心灵仿佛沉浸在一种永恒的和谐之中，让整个世界都安静了下来，这就是巴赫的音乐的魅力。

《G弦上的咏叹调》又名《G弦之歌》，此曲为巴赫《D大调第3号管弦乐组曲（BWV1068）》第二乐章的主题。据说在一场宫廷舞会上，有人为了愚弄巴赫，对巴赫的大提琴做了手脚，除了G弦之外，所有的弦都断裂了。当大家准备看巴赫出丑的时候，巴赫仅仅用了一根G弦，就即兴演奏了一首咏叹调，该曲就是此处所说的《G弦上的咏叹调》，据说此乐曲在巴赫去世近100年后才流行起来。这是巴赫的代表作之

巴赫博物馆外景

一，我们从这部作品中能够感受到巴赫音乐的圣洁与温暖，有多部电影都曾使用此曲作为背景音乐。

有很多不了解巴赫的人，认为巴赫是"神一般的存在"。其实现实生活中的巴赫，和此刻的你我一样，都是普通人。在那个时代，巴赫并没有被大众认可，作品也不被人们理解，他既没有显赫的地位，也没有得到社会的承认，他的作品沉寂了多年才被后人发现。法国音乐评论家保罗·朗杜尔是这样描写巴赫的："巴赫创作的目的并不是为后代人，甚至也不是为他那个时代的德国，他的抱负没有超出他那个城市甚至他那个教堂的范围。每个星期他都只是在为下一个礼拜天而工作，准备一首新的作品，或修改一首旧的曲子；作品演出后，他就又把它放回书柜中去，从未考虑到拿来出版，甚至也未想到保存起来为自己使用。世上再也没有一首杰作的构思与实践者像他这样天真淳朴了！"

是的，巴赫正是在这样日复一日、兢兢业业的工作中创造了伟大的音乐财富。生时默默无闻，死时悄然离去，这可能正是绝大多数人的人生。也许巴赫生前也未曾想到，自己有一天会成为"音乐之父"。他可能也没想到，他给后人留下了那么多美好的、珍贵的音乐宝藏。

巴赫是如何被重新发现的呢？在后面的时代，莫扎特和贝多芬发现了巴赫的宝贵价值，他们被巴赫音乐的深刻、完美与无懈可击所震撼。1829 年，门德尔松在柏林的一次具有划时代意义的演出中，使巴赫沉寂多年的《马太受难曲》"复活"。肖邦在举行他的音乐会之前，都要练习巴赫的作品，李斯特把巴赫的一些管风琴作品改编为钢琴曲，舒曼是巴赫协会的创始人之一……太多太多的音乐家把巴赫的作品视

巴赫的无伴奏小提琴奏鸣曲的创作手稿

为音乐创作的典范。今天，走遍世界各地，到处都能听到巴赫的音乐。他的许多作品都被列为世界各大艺术院校的必修教材和国际音乐比赛的必考曲目。

巴赫一生中有两段婚姻。22岁时他与堂姐玛利亚结婚，共生下了7个孩子；玛利亚去世后，巴赫同女歌唱家安娜·玛格达蕾娜结婚，又生下13个孩子。巴赫的子女共有9个长大成人，其中有3个孩子继承父业，成为颇具影响力的音乐家。他的次子卡尔·菲利普·巴赫长期居住于汉堡，被称为"汉堡巴赫"；他的第三个儿子约翰·克里斯蒂安·巴赫长期居住于伦敦，被称为"伦敦巴赫"。他们在音乐史上都有很高的地位，对海顿、莫扎特、贝多芬等人都有直接的影响。

巴赫一生创作了种类繁多的音乐作品，有管风琴曲、宗教音乐、协奏曲、独奏曲以及声乐作品等。

巴赫的音乐作品，是天使的语言，是发自心灵深处的、最纯粹的声音，给我在音乐创作上带来了无穷无尽的灵感。

（2）巴赫的《十二平均律》

也许是因为我弹钢琴，平时我最喜欢听，也最喜欢演奏的，是巴赫的键盘音乐。巴赫的键盘曲集《十二平均律》，是我最喜欢的音乐作品之一。什么是十二平均律呢？据说最早发现"十二平均律"理论的是中国明代的一位律学家——朱载堉。将这一理论第一次上升为实践的，正是巴赫的键盘曲集《十二平均律》。

十二平均律是一种音乐律制，它将一组八度音阶平均分成12个半音音程。钢琴正是采用这种律制。懂乐理的朋友们应该都知道，12个音，分24个大小调。《十二平均律》这部作品，就是巴赫在每个调上各写了一首前奏曲和一首赋格，一共写了48首，分为上下两册。这部非常精妙的作品集，又被誉为钢琴音乐中的"旧约圣经"。

巴赫博物馆内的管风琴

巴赫将对位法的创作理论发挥到了极致，他的键盘音乐作品，没有一首是用以右手弹奏主旋律的。他的键盘音乐作品都是左右手非常平衡的，他的音乐如数学公式般精准，所以演奏巴赫的键盘音乐作品，非常有助于左右脑的开发，对于训练大脑的多项思维非常有用。

（3）钢琴家古尔德与巴赫

不同的演奏家都各有自己擅长的领域。很多高水平的钢琴演奏家都曾演奏过巴赫的作品，古尔德版本的巴赫作品是其中的代表之一。古尔德演奏的《哥德堡变奏曲》《十二平均律》都是教科书级别的经典作品，他参悟了巴赫作品中的哲学思想，他将巴赫音乐中精准的平衡感发挥到了极致。古尔德是一位很有特点的钢琴家，与别的钢琴家不一样，他每次演出或录音时都要坐那把破旧、低矮的椅子，演奏时喜爱摇头晃脑并大声哼唱，他演奏最多的就是巴赫的作品，他几乎成了巴赫作品的代言人。古尔德向往安静，追寻内心真实的自由，我们从他演奏的音乐中就能感知到他的性格。他在堆满了各种乐谱和书籍的宁静乡间别墅里，认真地练琴、阅读与思考，通过丰富的精神生活，不断地超越自我。每次聆听他演奏的巴赫音乐作品，就仿佛感觉到他在和巴赫进行跨越时空的对话。

爱因斯坦曾说："对于巴赫，只有聆听、演奏、热爱、尊敬，并且不用说一句话。"对于巴赫的音乐，我们只需要安静地欣赏，让音乐之美涤荡我们的心灵，这就足够了。巴赫的音乐是纯净的、神圣的，充满了理性与无限的哲学思想，我们要做的，就是安静下来，在他那无限的音乐宇宙中放逐心灵……

位于莱比锡的圣托马斯教堂，巴赫在这里工作了20多年

巴赫音乐作品最权威的编号采用BWV系统。"BWV"即"Bach-Werke-Verzeichmls"的3个单词的首字母，中文译名为"巴赫作品目录"，其编号并不以巴赫作曲年代的先后为序，而以作品类别编号。BWV1—BWV771为管风琴作品，BWV772—BWV990为键盘音乐作品，管弦乐作品则编至BWV1087。

10部必听的巴赫音乐作品：

《十二平均律》上下册

《哥德堡变奏曲》

《勃兰登堡协奏曲》

《d 小调托卡塔与赋格》

《无伴奏大提琴组曲》

《无伴奏小提琴鸣奏曲与组曲》

《赋格的艺术》

《音乐的奉献》

《法国组曲》

《英国组曲》

巴赫《哥德堡变奏曲》唱片封面（威廉·肯普夫钢琴演奏版本）

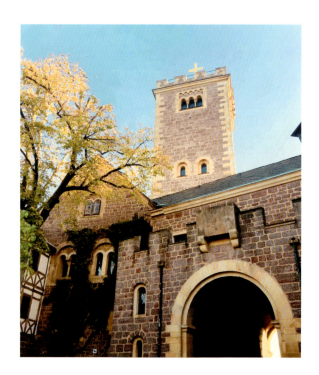

德国中部的森林小城
——爱森纳赫

登上瓦尔特堡，可以看到爱森纳赫小城和图林根森林

（2）汉堡

汉堡是德国第二大城市，也是一座历史文化名城。巴赫和这座城市有着很深的渊源，年轻时的巴赫经常步行数十里来到汉堡听音乐会。巴赫的儿子卡尔·菲利普·巴赫在汉堡度过了 21 年的时光，并且在此创作了一首奏鸣曲《G 大调汉堡长笛奏鸣曲》。

汉堡这座城市，有很多美丽的建筑，这里每年会接待 300 多万名游客，是著名的国际旅游城市。圣米歇尔教堂是一座著名的巴洛克式建筑，始建于 12 世纪初，教堂有 130 多米高，可登临顶端眺望全市风景。建于 1868 年的汉堡美术馆，收藏了德国和荷兰等国的著名画家的艺术作品，是德国著名的美术馆之一。圣詹姆士教堂、圣凯瑟琳教堂、汉堡历史博物馆、德国话剧院、汉堡州立歌剧院等都是著名的历史建筑。建于 1919 年的汉堡大学是德国最大的大学。仓库城是年轻人都爱去"打卡"的地方。易北爱乐音乐厅是汉堡的文

易北爱乐音乐厅，一座非常具有设计感的建筑，是汉堡著名的音乐演出场馆

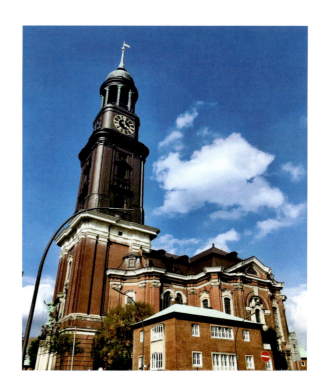

登顶圣米歇尔教堂，可以看到汉堡的城市全景

化新地标，这座建筑非常具有设计感，在这里聆听一场音乐会，一定是一种非常棒的体验。

（3）魏玛

巴赫曾经在魏玛这座城市生活了很长时间，他曾担任宫廷乐师的职务，并在这期间创作了很多管风琴作品。魏玛是一座很美丽的城市，拥有着田园牧歌般的环境。丹麦童话作家安徒生曾说过："魏玛不是一座有公园的城市，而是一座有城市的公园。"

如果你去德国旅行，魏玛是非常值得一去的艺术城市。歌德、席勒、尼采、巴赫、李斯特……历史上有太多艺术家在魏玛生活过，他们让这座城市充满了文艺气息。魏玛有许多历史建筑和文学纪念馆：德国国家剧院、魏玛古典主义基金会、歌德的故居、席勒的故居、包豪斯

德国的魏玛是一座典型的公园城市，随便一拍都是美景

大学、李斯特创办的魏玛音乐学院等，总之，这是一座非常有文艺情怀、非常有故事的城市。

① 歌德和席勒故居

伟大的德国文学家歌德曾经长期生活在魏玛，歌德有很多传世的作品都是在这里创作的，他的巨著《浮士德》也创作于魏玛，更有爱克曼与歌德在魏玛长达 10 年的友谊和在魏玛创作完成的《歌德谈话录》。歌德还曾担任德国国家剧院的经理。卡尔·奥古斯特公爵曾送给歌德一处带花园的小房屋，这栋房子就是我们熟知的歌德花园房。诗人席勒也曾在魏玛生活，并在此创作了剧本《威廉·退尔》，席勒也曾得到卡尔·奥古斯特公爵的资助。

② 李斯特故居

浪漫主义作曲家、钢琴家李斯特，人生中重要的 3 个阶段，就

歌德故居的花园

是分别在罗马、布达佩斯和魏玛度过的。李斯特曾在魏玛担任宫廷乐长，还在这里创作了《但丁交响曲》和《浮士德交响曲》等杰出的音乐作品。他的故居在伊尔姆河公园旁边，是一栋花园别墅。这栋别墅据说是魏玛公爵赠送给他的，客厅与琴室合为一体，里面摆着他当年用过的钢琴。

③包豪斯

"包豪斯"这一名词产生于20世纪初，是由一批先锋派艺术家和设计师在德国魏玛市创办的"公立包豪斯学校"的简称。包豪斯在全世界的设计师圈子里几乎是无人不知、无人不晓的，因为它是世界上第一所为发展现代设计教育而建立的学院，当代所有的设计类学院都是以它为原型创立的。包豪斯博物馆展示了包豪斯的艺术理念与设计理念，若要了解现代艺术，这里是必去的地方。

在历史上，魏玛也有过作为德国文化中心的辉煌时代，所以魏玛这座城市，曾被人们称为"德国的雅典"。

（4）克滕

巴赫在中年时期告别了魏玛，来到了克滕这座城市。

在克滕的生活无拘无束而又轻松悠闲，在欢快的气氛中，巴赫把时间投入创作音乐。他的大部分室内乐、小提琴协奏曲、奏鸣曲、键盘音乐等作品都是在这一时期写成的。他创作了被誉为钢琴音乐中的"旧约圣经"的《十二平均律》第一卷和在管弦乐发展史上堪称里程碑的《勃兰登堡协奏曲》等大量优秀的作品。《勃兰登堡协奏曲》曾被瓦格纳称为"一切音乐中最惊人的奇迹"。这部作品展现了旋律间绚丽多彩而又富于独创性的对比，其和声音响极为丰富，各声部之间非常清晰并具有立体感。华丽而高超的复调创作手法，让这部作品拥有一种完美的纵向听觉感受。《勃兰登堡协奏曲》是巴赫管弦乐作品中的典范，代表了巴赫无与伦比的创作才华。

克滕是一座历史悠久的小城，有很多年代久远的古建筑，克滕城堡位于市中心，是这座城市的地标。克滕市政厅、城市图书馆、古德国法院、圣雅各布教堂、圣玛利教堂等建筑都记载着这座城市的历史。

（5）莱比锡

让我们继续沿着巴赫的足迹去旅行。1724 年，告别了克滕，巴赫来到了莱比锡，他在这里度过了漫长的时光。巴赫在莱比锡这座城市创作了很多杰作，如《b小调弥撒曲》、《马太受难曲》、《平均律钢琴曲集》第二卷和体现他高深作曲造诣的《赋格的艺术》等。巴赫在莱比锡的圣托马斯教堂担任了20多年的乐长。

莱比锡是德国著名城市，歌德很喜欢这里，称它为"小巴黎"，这里是著名的"书城""音乐城""博览会城"。莱比锡和德累斯顿一样，以音乐闻名。巴赫、瓦格纳、门德尔松、勃拉姆斯、克拉拉和舒曼等音乐家都与这座城市有着深厚的渊源。著名的莱比锡格万特豪斯管弦乐团（又名莱比锡布商大厦管弦乐团），已有200多年的历史。门德尔松在这里创办的莱比锡音乐学院（现为"莱比锡门德尔松音乐与戏剧学校"），是世界知名的音乐院校。巴赫曾经在圣托马斯教堂合唱团执教了20多年，该合唱团至今仍然非常知名。

①圣托马斯教堂和巴赫博物馆

莱比锡有很多知名的建筑，圣托马斯教堂是其中之一，这座美丽的教堂是巴赫曾经工作的地方。据说，这座教堂每周六的下午都

莱比锡的圣托马斯教堂，
其对面就是巴赫博物馆

会举办音乐会，大部分时间演奏的都是巴赫的作品，这座教堂也是巴赫长眠的地方。从圣托马斯教堂出来，对面就是巴赫博物馆，这里有巴赫曾经弹过的管风琴，还有很多他的手稿、书信和乐谱。

②舒曼故居

舒曼在莱比锡大学念书时，爱上了音乐老师的女儿克拉拉，但是遭到了老师的激烈反对。在老师的阻挠下，两人分开了。多年后，克拉拉在演出中忍不住思念，演奏了舒曼创作的曲目，这就像是爱的宣言，让舒曼再次燃起了追求她的冲动，历经百转千回，两人终于走到了一起。舒曼故居，就是舒曼和克拉拉一起生活多年的地方，这是一栋漂亮、典雅的房子，这里有他们曾经弹过的钢琴，还有舒曼的作品原稿。据说每周日都会有音乐家来这里演奏，这里也经常举办一些小型的音乐会。

③格万特豪斯音乐厅

格万特豪斯音乐厅有着悠久的历史，是著名的莱比锡格万特豪斯管弦乐团的大本营，这里最早叫作"布商大厦"，曾经上演了多部音乐家的名作。这栋建筑曾在第二次世界大战中被炸毁，1981年，一片废墟中的格万特豪斯音乐厅在莱比锡重建，崭新的格万特豪斯音乐厅极具设计感，是非常专业的音乐演出场馆。

④莱比锡格万特豪斯管弦乐团

"格万特豪斯"就是"布商大厦"的音译，这与乐团从1780年起就长期以莱比锡的布商大厦作为演出场地有紧密的联系。19世纪浪漫主义音乐家门德尔松曾担任这个乐团的音乐总监，这个乐团一直以来都有着非常光辉的历史。

　　莱比锡有太多美丽的景点，著名的莱比锡大学，是德国最古老的大学之一，这里的图书馆非常棒。还有音乐家门德尔松的故居，它记录了门德尔松在莱比锡的音乐生涯。格拉西博物馆里有一个大学乐器博物馆，里面收藏了很多珍贵的乐器。还有莱比锡老市政厅、尼古拉教堂、莱比锡美术馆等，如果有一天你来到莱比锡，这些地方都值得一去。

位于莱比锡的门德尔松故居

莱比锡大学，这座建筑非常具有设计感

（6）德累斯顿

德累斯顿是我非常喜欢的欧洲城市之一，这是一座美丽的艺术之城，它拥有辉煌的历史和灿烂的文化。城中坐落着无数精美绝伦的巴洛克式建筑，拥有超过60%的绿地和森林覆盖，是一座典型的花园城市。德累斯顿国立交响乐团，拥有长达4个世纪的历史，是世界上水平最高的交响乐团之一。瓦格纳评价德累斯顿国立交响乐团是"一架神奇的竖琴"。理查德·施特劳斯把它称作"世界上最好的歌剧院管弦乐团"。

德累斯顿又被称为"易北河上的佛罗伦萨"。正是这样一座美丽的城市，让古往今来的太多艺术家流连忘返，巴赫曾经多次来到德累斯顿演出，这座城市记载了太多的艺术故事。这里的博物馆、美术馆、音乐厅、歌剧院都各具特色，这里有太多精致典雅、不同风格的建筑，如文艺复兴风格、包豪斯学派以及现代主义和后现代主义，德累斯顿是现代建筑发展史上的代表城市。在这座城市的建筑中，我总能找到音乐的灵感。

德累斯顿，一座典型的巴洛克之城，一座美丽的艺术之城

①德累斯顿圣母大教堂

德累斯顿圣母大教堂被誉为"世界上最美的建筑物"之一。它是这座古老城市的标志性建筑，也是德累斯顿最美的风景之一。这座典型的巴洛克式建筑，就像一首充满立体感的协奏曲，精致的雕塑装饰就像动听的旋律，完美的空间设计就像布局精妙的和声。虽然经历过战争，又在战后重建，但它依然美丽。据说巴赫等许多音乐家曾多次在这座教堂内演奏。

德累斯顿圣母大教堂
外景

②茨温格宫

　　这座宫殿是一件举世闻名的巴洛克式建筑艺术作品，它建成于
1709 年，据说为了装饰这座建筑，众多的雕塑家为其创作了大量
精美得无与伦比的雕塑作品，这座宫殿是艺术与建筑的完美结合，
因为它无论是外在还是内在，都极具艺术欣赏价值和研究价值。

　　茨温格宫的内部房间还被开发为多个博物馆，其中瓷器收藏馆
是世界上藏品最多的瓷器收藏馆之一。森佩尔画廊是著名的艺术
馆，它是建筑大师戈特弗里德·森佩尔在 1847—1854 年建成的。
这里收藏了文艺复兴时期至巴洛克时期的绘画精品，拉斐尔的《西
斯廷圣母》就收藏于此，这里还有波提切利、提香、鲁本斯、维米
尔、伦勃朗和丢勒等艺术家的作品。如果你来到了德累斯顿，一定
要去这里。

茨温格宫的局部外景

茨温格宫的巴洛克式
建筑

③森佩尔歌剧院

森佩尔歌剧院是我最喜欢的欧洲歌剧院之一，它是19世纪著名建筑师戈特弗里德·森佩尔的杰作之一。这是一座折中主义建筑，也就是说，它并不属于任何一个单独的时期或风格，而是融合了文艺复兴和巴洛克两种建筑风格。它不仅有文艺复兴式的对称、严整的结构，内部空间还装点着无数精美的绘画和华丽的雕饰，美轮美奂，这座建筑杰作堪称欧洲乃至全世界歌剧院的典范。

这座剧院于1841年落成，瓦格纳的音乐作品《漂泊的荷兰人》就在这里首演。1869年森佩尔歌剧院被大火烧毁，1878年又重新设计并修建成现在的模样。此歌剧院在1945年被炸毁，之后又按原样修复，1985年第三度开幕。施特劳斯、韦伯等音乐巨匠，都曾在这里演出，瓦格纳的许多歌剧也都是在这里首演的。

④王侯队列图

王侯队列图创作于1871—1876年，这幅100多米长的壁画用特殊的迈森瓷砖装饰，展示了萨克森统治者的游行队伍。它描绘了贵族、王子、国王与科学家、艺术家、工匠一起列队行进的场景。整幅壁画共贴上了23000片瓷片，据说这是世界上最大的瓷器艺术品。

⑤德累斯顿国立交响乐团

著名的德累斯顿国立交响乐团，是管弦乐艺术的"活化石"。它同森佩尔歌剧院、德累斯顿圣十字合唱团，以及创立于1971年的国际迪克西兰爵士音乐节等，都是德累斯顿这座城市的音乐标签。这个乐团成立的时间已接近500年，它不仅有悠久的历史，也有极强的艺术实力。韦伯、瓦格纳等音乐家都曾带领过这个乐团，如今的德累斯顿国家交响乐团，是世界范围内知名的交响乐团之一。

⑥德累斯顿的博物馆

这座城市有很多艺术博物馆：由15个博物馆组成的德累斯顿州立艺术博物馆、位于茨温格宫的历代大师画廊、位于德累斯顿王宫的世界上最大的珍宝馆之一的绿穹珍宝馆、现代大师画廊和雕刻馆、阿尔贝提努博物馆、土耳其艺术收藏馆等。

德累斯顿是一座非常有魅力的城市，如果有一天你来到了德累斯

德累斯顿，一座典雅又神秘的城市

顿，你会和我一样爱上这里。

（7）柏林

巴赫曾经多次来到柏林，这里记录了他的音乐故事。柏林是德国的首都，这座城市有着丰富的历史和文化，从古至今，这里都充满了蓬勃的创造力。戏剧、舞蹈、文学、音乐、绘画，每种艺术形式都对这座城市产生过深远的影响。柏林经常举办各种艺术节、音乐节，还有一年一度的柏林国际电影节。

柏林有很多知名的景点，柏林国会大厦、柏林大教堂、勃兰登堡门、夏洛滕堡宫、洪堡大学、柏林爱乐音乐厅，还有博物馆岛……其中，博物馆岛是非常值得一去的。博物馆岛由几座非常棒的博物馆组成，它们分别是柏林老博物馆和新博物馆、老国家艺术画廊、博德博物馆、佩加蒙博物馆。其中，老国家艺术画廊非常值得一去，老国家艺术画廊属于新古典主义建筑，不仅有着美丽的建筑外观，同时也有着丰富的藏品。从古典主义、浪漫主义到印象主义、分离主义，这里收藏了很多 19 世纪的名家经典之作。19 世纪浪漫主义画家大卫·弗里德里希的很多作品都收藏于此，如《海边的修士》，阿道夫·门采尔的名作《腓特烈大帝在无忧宫演奏长笛》也被收藏在这里，还有马奈、雷诺阿等名家的作品。佩加蒙博物馆则收藏复原了一些大型古代建筑物的遗址，在这里你可以感受古巴比伦和古希腊等地的建筑文化。

成立于 1882 年的柏林爱乐乐团，是世界范围内知名的顶级交响乐团。这个乐团有太多古典音乐界的"大神级"人物，从初期的常任指挥彪罗，到富特文格勒、卡拉扬、阿巴多、西蒙·拉特尔，这个乐团一直在古典音乐界闪耀着光芒，其录制过的经典音乐作品，更是不计其数。

柏林大教堂华丽的浮雕

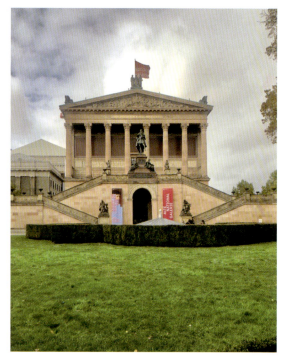

老国家艺术画廊外景

德国柏林老国家艺术画廊藏品《海边的修士》 作者：大卫·弗里德里希（1774—1840）

德国柏林老国家艺术画廊藏品 《腓特烈大帝在无忧宫演奏长笛》

作者：阿道夫·门采尔（1815—1905）

（8）科隆

科隆是位于德国西部莱茵河畔的历史文化名城，中世纪时，这座城市就已经非常发达了。这座城市有很多文化标签，这里有规模盛大的狂欢节，有发源于科隆的古龙香水，还有莱茵河上的爱情桥，但是这座城市最为人所熟知的，还是那座举世闻名的教堂——科隆大教堂。

科隆大教堂，是世界上最知名的哥特式教堂建筑。它始建于1248年，建造耗时超过600年，至今仍在不断修缮。它是哥特式教堂建筑中的精品。

不知道为什么，我对建筑特别敏感，喜欢看各种建筑，尤其是那些有故事的历史建筑。

经历过时光沉淀的建筑，就像一本内容丰富的书，总是吸引着我，让我去不断探寻，不断发现。我第一次看到科隆大教堂时，真的完全被它震撼了，这座建筑让我想到了巴赫的音乐，精妙的布局，严谨的建筑结构，极致平衡的空间设计，极具视觉冲击力的外形，高耸入云的尖顶……这座建筑太完美了。尤其是从正面双塔的方向欣赏这座哥特式的庞然大物，从下往上看，这座建筑就像一只巨大的、来自外星球的"宇宙飞船"。这座"宇宙飞船"的外立面镶嵌了数不清的精美雕塑作品，如诗歌般美妙。这座建筑气势恢宏、巧夺天工，因为太过完美了，会让人怀疑它不是出自人类之手。从下往上仰望这座建筑，你会被它强烈的气场所震撼，从而产生一种敬畏之感，是它的美让人产生了敬畏的感觉。浪漫主义音乐家舒曼曾经来到科隆，他被科隆大教堂宏伟的气势所震撼，于是创作了那首著名的《莱茵交响曲》。

科隆大教堂外景，一座恢宏
的哥特式教堂建筑

科隆大教堂外景

科隆大教堂内部巨大的彩色窗户

（9）慕尼黑

　　慕尼黑是德国巴伐利亚州的首府，是我非常喜欢的一座城市。它位于德国南部阿尔卑斯山北麓，是欧洲著名的文化城市之一。慕尼黑所在的巴伐利亚州有太多的传奇故事，茜茜公主在巴伐利亚度过了快乐的童年，"童话国王"路德维希二世在这里修建了著名的新天鹅堡，瓦格纳在这里创作了很多经典的音乐作品……总之，这个地方曾出现在欧洲的很多童话故事里。如果你是一位艺术爱好者，你一定会喜欢上慕尼黑这座城市。慕尼黑全城有3000多家画廊、50多座博物馆、4座歌剧院、3个世界级交响乐团、众多书店，只要你善于观察，你就会发现慕尼黑的街头巷尾都藏着风景。当你走进这座城市，你才会真正明白慕尼黑为何会有"欧洲建筑博物馆"的美称。玛利亚广场、新市政厅、圣母教堂、王宫花园、巴伐利亚国立歌剧院等，美丽的建筑太多，让你总想放慢脚步，慢慢感受这座有故事的城市。

慕尼黑新市政厅，位于
玛利亚广场

①老绘画陈列馆

慕尼黑的老绘画陈列馆是非常值得一去的，它是世界上非常著名的美术馆之一，收藏了逾1800名画家的数千幅作品，这是一座非常神圣的艺术殿堂。

②新绘画陈列馆

慕尼黑的新绘画陈列馆主要收藏18世纪和19世纪的欧洲艺术品，是世界上最重要的收藏19世纪作品的美术馆之一。新绘画陈列馆连同老绘画陈列馆和现代艺术陈列馆一起构成了慕尼黑的艺术区。

老绘画陈列馆藏品《亚历山大之战》 作者：阿尔布雷希特·阿尔特多费尔（约1480—1538）

新绘画陈列馆藏品《花瓶里的十二朵向日葵》作者：文森特·梵高（1853—1890）

③巴伐利亚国立歌剧院

巴伐利亚国立歌剧院位于慕尼黑，始建于 1818 年。这是一座非常美丽的古典主义建筑，瓦格纳和理查德·施特劳斯等音乐家的作品都曾在这里首演。这里是巴伐利亚国家管弦乐团的大本营，这座歌剧院见证了很多音乐家的高光时刻，这里每年夏天都会举办慕尼黑歌剧节。

④慕尼黑的交响乐团

慕尼黑除了长驻巴伐利亚国立歌剧院的巴伐利亚国家管弦乐团，还有以下两个非常著名的乐团。

其中一个是巴伐利亚广播交响乐团。

进入 20 世纪后，广播媒体的迅速发展催生了一大批隶属于广播公司的管弦乐团，成立于 1949 年的巴伐利亚广播交响乐团就是其中的杰出代表。在科林·戴维斯、洛林·马泽尔、马里斯·杨松斯等指挥巨匠的带领下，这个乐团快速跻身世界顶级乐团的行列，录制了很多经典的作品。

另一个是慕尼黑爱乐乐团。

慕尼黑爱乐乐团在诞生之初便迎来了古斯塔夫·马勒这样重量级的音乐家，包括《降 E 大调第八交响曲（千人）》在内的多部马勒的作品都是由这个乐团完成首演的。

⑤天鹅堡

谈到天鹅堡，我们就会想起茜茜公主和"童话国王"路德维希二世的故事，天鹅堡分为新天鹅堡和旧天鹅堡两座建筑，旧天鹅堡最早在 12 世纪建成，而新天鹅堡在 1868 年由路德维希二世建成。

让我们分别走进这两座城堡。旧天鹅堡最早建成于中世纪，当时城堡的主人是一位骑士，这位骑士还是一位抒情诗人。19 世纪初拿破仑战争期间，这座建筑被严重破坏，后来路德维希二世的父亲将这座城堡的废墟买了下来，并请了许多优秀的艺术家来重建这座建筑。路德维希二世在这里度过了他的童年，这座城堡中有"天鹅骑士"罗恩格林的壁画，瓦格纳也曾在这里居住。

新天鹅堡建于 19 世纪，是一座非常美丽的建筑，它简直就是童话世界里城堡的原型，迪斯尼乐园中的睡美人城堡以及许多现代童话城堡的灵感大都来源于新天鹅堡。它是路德维希二世的行宫之一，共有 360 个房间，它建造在非常美丽的自然环境中，周围是阿尔卑斯山脉和天鹅湖。

新天鹅堡是路德维希二世梦中的世界，一个纯净的童话世界。路德维希二世，这位国王无治世之才，却充满艺术气质，他富有浪漫情怀，

新天鹅堡周边美丽的田园风光

新天鹅堡外景

是一位天生的艺术家。他亲自参与设计了这座城堡，并且想把新天鹅堡建成作曲家瓦格纳作品中的幻想世界。很可惜的是，天鹅堡还没有竣工，这位国王就去世了。路德维希二世生前也没有想到，这座耗费巨资建造的城堡后来竟成了富森这个小镇的主要收入来源，也成了德国的旅游胜地。

新天鹅堡所在的小镇富森，是一个富有诗意的地方，犹如人间仙境。这里藏着有关魔法、仙女、骑士的古老民间传说，这里是很多童话故事的发生地。翠绿的森林，终年积雪的阿尔卑斯山，美丽而纯净的湖泊，这如诗如画般的风景，让每一个来到这里的人都如此留恋，如此心动。

（10）德国那些美丽的小镇

　　至此，我们已经漫游了德国很多著名的城市。其实德国还有许多风光旖旎的小镇，漫步在这些小镇的街道上，也能感受到独特的德式风情。和那些大城市不一样的是，这些小镇让你有机会探寻前所未闻的德国历史。

①海德堡

　　海德堡是德国著名的小镇，是德国诗人歌德非常喜欢的地方，这里有德国最古老的大学，有建造于青山绿水之间的古堡，这里是德国浪漫主义的发源地，无数艺术家都曾心醉于此，海德堡如画的风景和浪漫的故事吸引了无数旅行者来到这里。

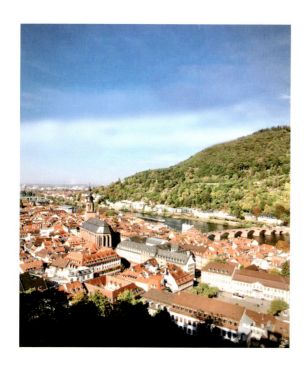

海德堡的小镇风景

海德堡有很多典雅的建筑，这些建筑记录了这里的历史

②巴登巴登

巴登巴登小镇位于奥斯河谷中，沿着山谷蜿蜒伸展，景色如画一样美丽，是一座安静的小镇。这里的温泉非常有名，而且气候宜人，被称作"欧洲的夏都"。

③梅尔斯堡

梅尔斯堡是一个以古堡和葡萄酒而闻名的小镇，这座小镇是以建造于中世纪的山顶古堡梅尔斯堡命名的。美酒和美景，让这座小镇变得如此迷人。

④纽伦堡

纽伦堡是德国著名的小镇，有着悠久的历史，它曾是神圣罗马帝国的自由城邦，有许多历史建筑和艺术遗产。小镇很多地方都保

音乐漫游记

The Third Movement

第三乐章 古典主义时期

古典主义时期的美术、音乐、建筑

聆听音乐：贝多芬《降E大调第五钢琴协奏曲（皇帝）》

现在，让我们听着贝多芬的这首《降E大调第五钢琴协奏曲》，一起穿越时空，来到1750年的欧洲，开启第三乐章的艺术之旅。

古典主义时期，是西方艺术史上一个承前启后的重要阶段，它连接了巴洛克时期和19世纪的浪漫主义时期，是西方艺术史上的一个传奇时期。它的这些作用主要体现在两个领域：美术中的"新古典主义"和音乐中的"维也纳古典乐派"。

18世纪，在巴洛克时期的末期，美术领域出现了一种新的流派——洛可可风格，它是18世纪产生于法国、遍及欧洲的一种艺术形式，盛行于路易十五统治时期。洛可可风格的艺术具有华丽、精巧、繁复的特点，这种风格被广泛应用在建筑、装饰、绘画、雕塑、服装设计等领域，代表着那个时代一部分人的文化生活。洛可可风格的代表画家有弗朗索瓦·布歇，代表作《蓬帕杜尔夫人》；弗拉戈纳尔，代表作《秋千》，等等。洛可可风格是服务于贵族的一种艺术形式，它在西方艺术史上延续了几十年，直至一种新兴的艺术风格出现并替代了它，这种艺术风格就是绘画中的新古典主义。

洛可可风格画作《蓬帕
杜尔夫人》 作者：弗
朗索瓦·布歇

洛可可风格画作《蓬帕杜
尔夫人》 作者：弗朗索
瓦·布歇

（1）新古典主义的美术

新古典主义对为贵族服务的奢华靡丽的的洛可可艺术不满，转向古希腊、古罗马的艺术寻求新题材，在某种意义上推动了法国大革命。新古典主义的美术偏重理性，注重形式的完美、线条的清晰和严整。新古典主义崇尚自然且追求人性美，在艺术作品上追求造型的理想化，体现现实生活的真实画面和艺术的完整性，作品给人以很美的视觉体验和典雅高贵的感觉。法国新古典主义美术从维安、达维德到安格尔，都取得了非常优秀的成就，并达到了艺术创作的高峰。

①雅克·路易·达维德

雅克·路易·达维德（1748—1825）是法国著名画家，也是新古典主义的代表人物，他的画风严谨、技巧精湛。如果说洛可可艺术代表了路易十五时期没落贵族阶级的空虚心灵需求，那么达维德的艺术就是直接为资产阶级大革命服务的。雅克·路易·达维德一生创作了很多对后世影响深远的画作，当拿破仑夺取政权建立帝制以后，达维德成为帝国的首席画家，这一时期他创作了很多反映拿破仑英雄形象的作品。

雅克·路易·达维德的代表作有《荷拉斯兄弟之誓》《马拉之死》《拿破仑加冕》《拿破仑越过圣贝尔纳山》等。

②让·奥古斯特·多米尼克·安格尔

安格尔（1780—1867）是另一位新古典主义时期的代表画家。当达维德正在担任拿破仑的首席画师时，17岁的安格尔在美术创作

新古典主义画作《拿破仑加冕》 作者：雅克·路易·达维德

领域已经非常成熟了。他师从于雅克·路易·达维德，自幼便展露出了极强的绘画天赋。他崇尚自然，代表他最高成就的裸体创作是自然与典雅的完美结合。《泉》是他最负盛名的作品，据说原名是《维纳斯》，但安格尔经过数十年的世俗漂泊后重新修改了这幅作品，使之成为一幅具有古典主义象征意义的名作。他笔下的女子，美得如此纯净。《加拉的玻林娜·埃莲诺尔》是我非常喜欢的一幅作品，此画为安格尔73岁时所作，这幅作品美得令人惊叹，作者将他精致、写实的画工发挥到了极致，这幅作品现收藏于纽约的大都会艺术博物馆。

安格尔的代表作有《朱庇特与海神》《大宫女》《泉》《加拉的玻林娜·埃莲诺尔》等。

新古典主义画作《路易
斯·奥松维尔伯爵夫人》
作者：多米尼克·安格尔

新古典主义画作《加拉的
玻林娜·埃莲诺尔》
作者：多米尼克·安格尔

（2）维也纳古典乐派

与新古典主义美术处在同一时代背景下的维也纳古典乐派，是音乐史上极为重要的一个流派。维也纳古典乐派，诞生了 3 位古典音乐界的巨星——海顿、莫扎特、贝多芬，他们的作品以及音乐创作理念非常深刻地影响了后世的音乐家。维也纳古典乐派，如同启明星一样，永远闪耀在古典音乐的浩瀚星河之中。

维也纳古典乐派在音乐史上的时间，大约是从 1750 年开始至 1827 年贝多芬逝世这个时间段，短短几十年的时间，却极为深刻地影响了世界音乐史后续几百年的发展历程。是的，维也纳古典乐派影响的不仅仅是西方音乐史，而是整个世界的音乐发展史。海顿、莫扎特和贝多芬的作品构建了一个色彩瑰丽、典雅唯美的音乐世界。维也纳古典乐派的音乐是理智和情感的高度统一，是典雅与唯美的代表。这个时代，音乐的创作理念开始从复调音乐向主调音乐过渡。他们在之前由巴赫所奠定的西方音乐纵向创作思维的基础上，确立了近代奏鸣曲的结构以及交响曲、协奏曲、各类室内乐的体裁和形式，对西方音乐的发展有着非常深远的影响。

17—18 世纪的启蒙运动，是欧洲大陆自文艺复兴之后的又一次思想解放运动，启蒙运动的目的之一就是要将文化艺术普及给普通人，让艺术不再只属于上层贵族，让普通民众也可分享过去只有贵族才能享受到的东西，艺术应该充实和丰富人们的生活。于是，在 18 世纪的欧洲，艺术逐渐走入了每个人的生活，音乐的印刷出版业逐渐成熟，普通民众可以购买乐谱在家歌唱或演奏，乐器制造业也得到了快速的发展，钢琴这件乐器也逐渐登上了历史舞台。据说从

18世纪末以来，在欧洲，钢琴一直是最主要的家庭键盘乐器。在这样一个进步的时期，作曲家们也顺应市场需求，创作出了一系列适合普通音乐爱好者演奏的简单音乐曲目，如贝多芬的《献给爱丽丝》等。

《孔蒂亲王在圣殿宫的晚餐》 作者：米歇尔·奥利维耶 创作年份：1766年（从绘画中，我们可以了解到当时的音乐沙龙文化）

18世纪之前，大部分音乐会只服务于上层贵族。到了18世纪，音乐会开始向公众开放，并且实行售票制，杰出的音乐家开始举行巡演。在这一时期，大型规模的管弦乐队也逐渐成熟。维也纳古典乐派定义了交响曲的结构，并且将交响曲这种音乐题材推向了全新

《竖琴前的自画像》 作者：罗斯·迪克勒 创作年份：1791年（此画作反映了18世纪后期欧洲民众的音乐生活）

的发展阶段，贝多芬更是把交响曲的内涵和思想性上升到了一个新的高度，交响曲总共4个乐章的结构就是在这个时期确定的。

在这一时期，常用的音乐题材是奏鸣曲、协奏曲、交响曲和四重奏等。"交响乐之父"海顿、"音乐天才"莫扎特和"乐圣"贝多芬，他们3人处在同一时代，并且相互认识。从他们生活的时代背景来看，海顿出生最早，然后是莫扎特，最后是贝多芬，他们3人的音乐相互影响。贝多芬在早期曾跟随海顿和莫扎特学习音乐，贝多芬创作的著名的《f小调第一钢琴奏鸣曲》的副标题就是"献给约瑟夫·海顿"。

《贝多芬在维也纳的书房》　作者：约翰·赫希尔　创作年份：1827年

（3）新古典主义风格的建筑

古典主义是一个很宽泛的概念，我们这里所提到的新古典主义风格的建筑，是指17、18世纪的一种建筑标准，主要以法国古典主义建筑为代表。

这一时期的建筑风格比较严谨，具有严格的设计理念和建筑规范。古典主义建筑强调中轴线和主从关系的对称，建筑中必须要有一个中央大厅作为建筑的主要空间，在建筑造型上追求端庄宏伟、完整统一和稳定感。这些特点就像维也纳古典乐派的音乐，创作方式严谨，同时又具有典雅、和谐的美感。

　　新古典主义风格的代表建筑是法国的卢浮宫和凡尔赛宫，凡尔赛宫的外观是古典主义风格的，室内空间装修是巴洛克风格的。

　　关于古典主义时期的各种艺术门类，我们先分享到这里。接下来的艺术之旅，我们会去一些新的地方。美丽的维也纳是海顿、莫扎特、贝多芬3人都曾生活过的城市，这个城市充满了艺术气息。那个音乐时代，属于他们3人。在那个时代，整个奥地利都沉浸在音乐氛围中。接下来，我们将正式开启第三乐章的行程，让我们听着海顿、莫扎特、贝多芬创作的美妙音乐，共同开启这场精彩的超时空漫游之旅。

02 交响乐之父——海顿

音乐家海顿

　　"当我坐在那架破旧的古钢琴旁边时，我对最幸福的国王也不羡慕。"——海顿

（1）音乐人物：海顿

　　弗朗茨·约瑟夫·海顿（1732—1809），维也纳古典乐派三杰之一，他一生共创作了100余首交响曲、80余首弦乐四重奏、约30部的歌剧等不同体裁的作品，被称为"交响乐之父"和"弦乐四重奏之父"。

B 大调第 78 号弦乐四重奏——日出》等，这几部代表作都是非常动听的音乐作品，也是我非常喜欢的弦乐四重奏。由于海顿在弦乐四重奏这种音乐形式上做出了很多的贡献，音乐史上将海顿称为"弦乐四重奏之父"。

② "交响乐之父"

1759 年，海顿成了费迪南·莫尔金伯爵的宫廷音乐主管。在这一阶段，海顿为小型管弦乐队创作了 15 首交响曲，其中包括他的《第一交响曲》，从此他开始了大量交响曲的创作。他创立了古典交响曲的曲式结构，将交响曲这种音乐体裁定型为 4 个乐章。后来的音乐家们都是根据海顿建立的这种曲式结构来进行交响曲的创作的。

交响曲的 4 个乐章：

第一乐章：快板、奏鸣曲式，音乐活跃、充满戏剧性，采用大小调交替的创作方式，标志着音乐中矛盾的对立与开启。

第二乐章：行板、慢板或广板，是整部交响曲中最慢的乐章，安静内省。

第三乐章：三段式结构的小步舞曲，乐曲较为轻松、欢快，音乐中体现了矛盾冲突之后的闲暇、休整和娱乐。

第四乐章：多采用舞曲风格的急板，如回旋曲式、奏鸣曲式或回旋奏鸣曲式，乐曲的调性建立在主调上，常表现乐观、肯定的态度和胜利时的欢庆场面。

交响曲通常分为上述 4 个乐章，但是音乐的创作是很主观的，有时，交响曲的乐章形式、结构也可以由作曲家自己来定，可以颠倒乐章，如贝多芬的《第九交响曲》就将第二乐章和第三乐章的形式颠倒了；也可以增添或删去乐章，如贝多芬的《F 大调第六交响曲（田园）》，所以说贝多芬在音乐创作上有着自己独特的风格。

HAYDN
Symphonies Vol. 29
Symphonies Nos. 1-5
Sinfonia Finlandia • Patrick Gallois

拿索斯出版的海顿交响乐音乐专辑封面

　　海顿对交响曲套曲的贡献还在于他对古典交响乐队编制的定型，即双管编制。在海顿的很多交响乐作品中，他明确将乐队划分为弦

海顿6首钢琴奏鸣曲专辑　（格伦·古尔德演奏）

奏鸣曲，其中的不少作品已成为现在学钢琴的孩子的必奏曲目。

　　德国作曲家瓦格纳曾这样评论海顿："海顿不像莫扎特那样，敢于同封建势力进行斗争，更比不上贝多芬，英勇、主动地向黑暗现实发动猛攻。但是海顿就是海顿，有时他虽对屈辱的处境感到痛苦，却能安于现状，自得其乐。他的音乐风格正如他的个性：乐观、亲切、真诚、爽朗、幽默。"是的，海顿的一生，就像他的音乐一样，乐观、随性。几十年间，他留下了那么多的音乐作品，为灿烂的西方古典音乐史，增添了许多音乐宝藏。

让我们回到刚开始聆听的这首《C大调第一大提琴协奏曲》，在这温暖、柔和的旋律中，闭上眼睛，合上书，让思绪飞翔到更远的地方……

10部必听的海顿音乐作品：

《C大调第一大提琴协奏曲》

《D大调第二大提琴协奏曲》

《D大调第64号弦乐四重奏——云雀》

《C大调第77号弦乐四重奏——皇帝》

《g小调第74号弦乐四重奏——骑士》

《降B大调第78号弦乐四重奏——日出》

《G大调第94号交响曲（惊愕）》

《升f小调第45号交响曲（告别）》

《D大调第101号交响曲（时钟）》

清唱剧《创世纪》《四季》

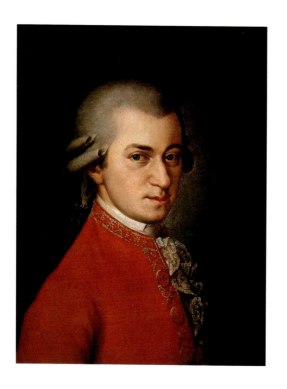

音乐家莫扎特

"我将在旋律中生活，也将在旋律中逝去，音乐成了我的生命。"

——莫扎特

（1）音乐人物：莫扎特

沃尔夫冈·阿玛多伊斯·莫扎特（1756—1791），西方音乐史上伟大的音乐家之一，"维也纳古典乐派三杰"之一。他一生创作了600多部不同题材的音乐作品，涵盖交响乐、歌剧、奏鸣曲和协奏曲等，他的作品深刻地影响了西方古典音乐史。

（2）聆听音乐：莫扎特《微风轻轻吹拂的时光》（选自歌剧《费加罗的婚礼》）

我们听着这首音乐，从一部电影开始说起。

1994 年上映的一部电影《肖申克的救赎》，也许读者们曾经都看过。很多人都说它是电影史上一部非常经典的作品。这里面有很多经典的片段，还有很多对人生的思考。电影里面有一句台词，让我印象深刻：

"有一种鸟儿是永远也关不住的，因为它的每片羽翼上都沾满了自由的光辉。"

是的，心灵的自由是无法被束缚的，而莫扎特的音乐，就像自由的小鸟，寄托了每一个人的内心对于自由的向往。

《肖申克的救赎》中有一段令我难忘的场景：那一天，电影主人公安迪从监狱长办公室里找出了一张莫扎特的唱片，他轻轻地吹走胶木唱机上的灰尘，然后把唱片放进唱机里，美妙的音乐开始响起。他锁上房门，闭上眼睛，沉醉在音乐中，脸上露出了入狱后难得的微笑。他想要所有的囚犯都可以和他一样，感受这音乐中的美妙，于是他打开了扩音喇叭，天籁般的歌声传到放风区，传遍了整个监狱。美妙的音乐飘荡在空中，随着电影中出现的升降镜头，如自由的云雀直入云霄，涤荡着每一个囚犯的心灵……

自由对于肖申克监狱里的犯人来说，就像电影里那一段台词所表达的："我未搞懂她们唱什么，其实我也不想弄懂，此时无言胜有言，她们唱出了难以言传的美，美得令你心碎，歌声直蹿云端，超越了失意囚徒的梦想，宛如小鸟飞入牢房，使岩墙消失无踪，就在这一瞬间，肖申克众囚徒仿佛重获自由。"这一首让那些失意囚徒们重获心灵上的自由的音乐，就是我们此刻聆听的莫扎特的作品《微风轻轻吹拂的时光》（选自歌剧《费加罗的婚礼》）。

"在黑暗中，有莫扎特先生陪伴我，他在我的脑子里，他在我

迪卡唱片公司出品的莫扎特歌剧《费加罗的婚礼》专辑封面（伦敦爱乐乐团版本）

的心里。这就是音乐的魅力。没有人可以夺走它。"——电影的主人公安迪这样说。

《肖申克的救赎》这部电影中选用了莫扎特的音乐，因为强者自救，圣者渡人，真正的音乐是"圣者"，具有超越时间、指向永恒的作用。感谢莫扎特先生，给我们带来了这么美妙的音乐。

谈到莫扎特的音乐，有太多值得推荐的经典之作。他在短暂的人生里，创作出了600多部不同题材的音乐作品。他是一位音乐天才，才华横溢、灵感无限的他仿佛就是为音乐而生的。他曾创作了63部交响曲、105首小步舞曲、27首钢琴协奏曲、23首弦乐四重奏、23首钢琴奏鸣曲、15部歌剧等。他创作出的音乐作品的数量远远超越音乐史上很多知名的音乐家。他就是这样一个神话般的存在，他创作音乐时，如有神助。他的音乐是有灵性的，他的音乐是有魔法的，他每次坐到钢琴前，仿佛随时都可以创作出一首流传百年的经典之作。正如他所说的："生活的苦难压不垮我。我心中的欢乐不是我自己的，我把欢乐注入音乐，为的是让全世界感到欢乐。" 莫扎特是一位伟大的音乐家，音乐之神赋予了他天生的、强大的、无与伦比的音乐力量，仿佛他来到这个世界上的目的，就是用音乐给人们带来美好和欢乐、幸福和慰藉。他用音乐改变了这个世界，也改变了很多人的生活。凡是听过他音乐的人都能感知到他音乐中的纯真、幸福、欢乐与温暖，他的音乐具有普世价值。他用音乐营造了一个没有痛苦的世界，他的音乐感化了无数的人，温暖了无数的人。

①旅行者莫扎特

莫扎特在很小的年纪就过上了旅行演出的生活。他4岁学习作

莫扎特博物馆的乐谱手稿

曲，6岁多就开始跟随家人在欧洲不同的城市巡演，他的足迹遍及欧洲。从慕尼黑、林茨到受弗朗西斯一世接见的维也纳之行后，他经由波恩、科隆、布鲁塞尔抵达法国，他在巴黎短暂碰壁，随后在英国重整旗鼓，在意大利度过的岁月则为莫扎特之后的歌剧创作提供了无限灵感。他是一位音乐的旅行者，他的音乐灵感伴随着他走过千山万水。后来他回到了萨尔茨堡，当上了宫廷首席乐师，由于他天生热爱自由、不愿受约束，他后来辞去了宫廷乐师的职位，回到维也纳，在维也纳度过了10年的时光。

　　长期的欧洲旅行经历，给莫扎特带来了很多创作灵感，并且使他对当时最先进的意大利歌剧、法国歌剧、德国器乐等体裁都有了深刻的认识。莫扎特9岁开始写交响曲，11岁完成第一部歌剧，17岁时他已经创作完成了200多部作品。我们总能听出莫扎特的作品融合了欧洲很多地区的不同音乐风格，这和他长期在外旅行演

我非常喜欢莫扎特的钢琴曲，他的音乐总是如此灵动、纯净，是音乐之美的最好诠释

出有很大的关联。莫扎特的音乐有很强的包容性，并且体裁广泛，涉及的门类很广，他的音乐作品包含了协奏曲、交响曲、奏鸣曲、

小夜曲等，这些体裁后来都成了古典音乐的主要形式。

②莫扎特的钢琴音乐

也许是因为我弹钢琴，所以我一直都非常喜欢听钢琴音乐。莫扎特的钢琴奏鸣曲与钢琴协奏曲都是西方古典音乐史上非常经典的作品。

莫扎特的钢琴奏鸣曲，代表了纯真与唯美，是我非常喜欢演奏的钢琴音乐作品。这些钢琴奏鸣曲拥有轻快的旋律、纯净的和声，它们温暖而舒适，洋溢着青春的活力，仿佛能让人进入一个无忧的世界。据科学研究表明，莫扎特的钢琴奏鸣曲非常有助于改善睡眠，不仅如此，这些钢琴曲也适合胎教，并且有助于少儿的音乐启蒙教育。对于初学音乐的小朋友们来说，聆听莫扎特的钢琴曲，可以帮助他们提升自己对于音乐的学习兴趣。

莫扎特的钢琴协奏曲，是器乐协奏曲的精华之作，音乐中齐奏声部和独奏声部的和谐与平衡已经达到了非常完美的境界。他的27首钢琴协奏曲作品，每一首都具有非常高的可听度，旋律如此的动听、唯美，是值得珍藏的经典之作。其中最具代表性的，是他写的最后一首钢琴协奏曲《降 B 大调第 27 号钢琴协奏曲》（K595）。在这部作品中，你可以感受到莫扎特有一种"与世人告别"的心情。这种优美、深远的音乐意境，营造出了一个广阔无垠的听觉想象空间和一个由美妙旋律组成的梦境。

③莫扎特其他体裁的作品

莫扎特的交响乐具有自然、流畅的旋律和精致、复杂的音乐创

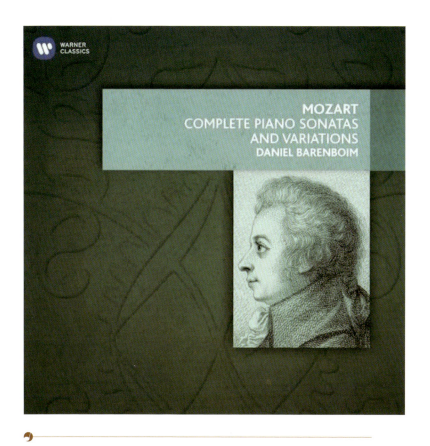

《莫扎特钢琴奏鸣曲集》专辑封面（丹尼尔·巴伦博伊姆）演奏版本

作技巧。60多部交响乐，每一部都代表了他独特而鲜明的创作风格。我的歌单里收藏着很多不同版本的莫扎特交响乐作品集，《g小调第40号交响曲》这部抒情且带有悲剧色彩的作品，是莫扎特交响乐作品中知名度最高的一部，也是他的交响乐代表作。

莫扎特还创作了很多经典的歌剧，如《费加罗的婚礼》《魔笛》《唐璜》《后宫诱逃》《剧院经理》《女人心》等。莫扎特的歌剧，旋律美妙、动听，情节丰富且充满戏剧感，是18世纪歌剧的代表作。

他的歌剧影响了后世很多作曲家，至今仍是世界各大知名歌剧院的必演曲目。

除了交响乐和歌剧，莫扎特的弦乐四重奏、小提琴奏鸣曲、

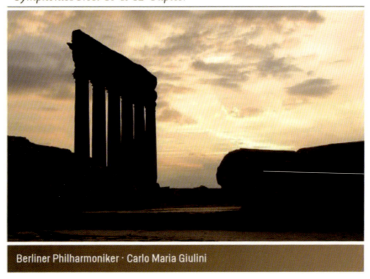

索尼出品的《莫扎特第四十、第四十一交响曲》专辑封面（柏林爱乐乐团版本）

管乐作品也都非常经典、动听。莫扎特在他生命的最后一段时间里创作的《安魂曲》也是音乐史上的经典巨作。莫扎特的 600 多部不同体裁的作品，就像一本丰富多彩的音乐辞典，我们总会从中找到自己喜欢的那首曲目。

有人评论说莫扎特是一位音乐天使，他的音乐可以给人带来美妙的听觉感受，他的音乐是时间所改变不了的，他的音乐永远年轻。

罗曼·罗兰这样评价莫扎特："他的音乐是生活的画像，但那是美化了的生活。旋律尽管是精神的反映，但它必须取悦于精神，而不伤及肉体或损害听觉。所以，在莫扎特那里，音乐是生活和谐的表达。"

爱因斯坦则这样评价莫扎特："无论是作为一位艺术家，还是一位音乐家，莫扎特都不属于这个世俗人间。"

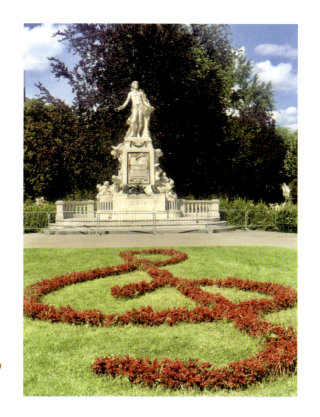

莫扎特的雕像

10 部必听的莫扎特音乐作品：

《莫扎特钢琴奏鸣曲全集》

《C 大调第 21 号钢琴协奏曲》

《B 大调第 27 号钢琴协奏曲》

《C 大调第 41 号交响曲（朱庇特）》

《A 大调单簧管五重奏》

《g 小调第四十交响曲》

《C 大调长笛与竖琴协奏曲》

《唐璜》

《魔笛》

《费加罗的婚礼》

04 莫扎特的城市——萨尔茨堡

聆听音乐：莫扎特《C 大调长笛与竖琴协奏曲》

（旅行地点：奥地利 萨尔茨堡）

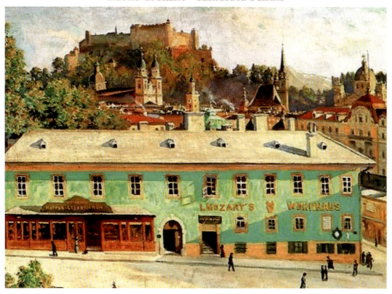

《莫扎特长笛与竖琴协奏曲》专辑封面（沃尔夫冈·舒尔茨与吉野直子版本）

萨尔茨堡这座美丽的城市，就像我们听到的莫扎特的音乐一样，灵动、精巧、唯美，充满了童话气息。萨尔茨堡位于奥地利的西部，靠近德国，这座城市有很多美丽的巴洛克式建筑。萨尔茨堡是音乐家莫扎特的出生地，在莫扎特不到36年的短暂生命中，他有超过一半的岁月是在萨尔茨堡度过的。萨尔茨堡也是指挥家赫伯特·冯·卡拉扬的故乡，电影《音乐之声》的拍摄地。这座城市不仅充满了文艺气息，同时有着非常美丽的自然风光，是欧洲的一个旅行胜地。阿尔卑斯山的唯美风景与丰富多彩的建筑艺术融为一体，让萨尔茨堡这座城市独具魅力。漫步在这座城市中，仿佛置身于一场浪漫的音乐电影。

萨尔茨堡是一座典型的巴洛克之城，城中有很多保存完好的巴洛克式建筑，置身其中，仿佛穿越时空回到了18世纪。在这座城市里，我们随时都能感受到音乐的氛围，精美、典雅的建筑和莫扎特的音乐完美地融合在一起，给人一种非常美妙的旅行体验。来到萨尔茨堡，一定要听着音乐看风景，这样你才能真正地融入这座音乐之城。

①萨尔茨堡音乐节

在欧洲有四大著名的古典音乐节，分别是英国的逍遥音乐节、瑞士的琉森音乐节、德国的拜罗伊特音乐节和奥地利的萨尔茨堡音乐节。萨尔茨堡音乐节创立于1920年，举办地在奥地利的萨尔茨堡，是全世界水准最高、最负盛名的音乐节之一，相当于古典音乐界的奥斯卡颁奖典礼。指挥家卡拉扬曾亲自领导与指挥音乐节长达30多年，每年7月底至9月初的音乐节期间，萨尔茨堡音乐节大会堂、莫扎特音乐学院、米拉贝尔宫等地都会开展各种音乐活动。除了交响乐，音乐节还引入了歌剧、话剧、电影、音乐会、芭蕾舞等艺术

项目，在此期间还会开展各种艺术论坛和讲座。萨尔茨堡音乐节邀请的都是国际一线的古典音乐家，每年都会上演古典音乐史上那些经典的音乐作品，是一场非常精彩的音乐盛宴。

②米拉贝尔宫及花园

米拉贝尔花园建于 1606 年，是一座精致浪漫的花园，这个集聚了罗马雕塑、喷泉、迷宫的巴洛克式花园，是知名电影《音乐之声》中，女主角玛丽亚带着孩子们欢唱《Do-Re-Mi》的地方。米拉贝尔宫是当时萨尔茨堡的大主教沃尔夫·迪特里希为他的情人莎乐美建造的一座宫殿。这座宫殿历史悠久，莫扎特也曾在这里演出。宫殿最大的特点就是它的旋转楼梯，楼梯的回旋扶手上有 22 个造型各异的小天使，楼梯通向宫殿中的大理石大厅，如今的大理石大厅已经成为世界上最美丽、最浪漫的婚礼大厅之一，世界各地的情侣们都纷纷被吸引来这里登记结婚。米拉贝尔宫是来萨尔茨堡旅行的必去之地。

③萨尔茨堡城堡

萨尔茨堡城堡最初建于 1077 年，距今已有接近 1000 年的历史了，它是萨尔茨堡这座城市的代表性建筑，这里有着萨尔茨堡最佳的观景平台。这座城堡的面积十分广阔，有庭院和多座建筑物，还有音乐厅、博物馆等不同的空间。来到这里，游人不仅可以参观博物馆，还可以在城堡一角的咖啡厅点上一杯饮品，享受远方如画般的风景。这个城堡的顶层有一座很大的观景平台，城堡向北以及向南两面城墙边的空地均是摄影爱好者们拍摄风景的绝佳取景地。在城堡的观景平台上，可以看到萨尔茨堡这座城市的全景：典雅的巴洛克式建筑，远方的阿尔卑斯山脉，美丽的草原、湖泊，还有蓝天、白云，这一切景观融合在一起，就变成了眼前这幅美丽的田园风景画。若要欣赏真正的萨尔茨堡美景，这里是必去之地。

④萨尔茨堡大教堂

萨尔茨堡大教堂是一座历史悠久的建筑，它坐落在老城区中心，辉煌的外观和巨大的圆顶都是阿尔卑斯山北部地区早期巴洛克建筑风格的体现。它最初竣工于公元 774 年，记录了萨尔茨堡的历史，这座建筑融合了巴洛克风格和罗马风格，外观非常精美、典雅。据说这座教堂里有一座非常大的管风琴，莫扎特曾在此担任宫廷管风琴师。这座教堂是萨尔茨堡的代表建筑，也是这座城市的文化名片之一。

登上萨尔茨堡城堡，可以看到非常美丽的风景

萨尔茨堡的城市风景

山上的建筑就是萨尔茨堡城堡

⑤莫扎特博物馆

莫扎特出生在位于萨尔茨堡盖特莱德街9号的一座米黄色的6层楼房里，这座楼房现在被改造成了莫扎特博物馆。这里陈列着莫扎特幼年时用过的小提琴、羽管键琴和钢琴，还有莫扎特的亲笔信件，这里是莫扎特幼年生活过的地方。这座建筑曾在第二次世界大战期间被炸毁，之后莫扎特基金会按照原样将其修复。

⑥哈尔施塔特

在距离萨尔茨堡70多千米的地方，有一座著名的童话小镇——哈尔施塔特。它是奥地利非常美丽的一个村庄，位于哈尔施塔特湖的湖畔，这里气候温暖，一年四季都适宜旅游。在这个如宝石般翡

莫扎特博物馆外景

绿的湖泊间伫立的湖畔小镇，到处都可以看见童话般的风景。海拔3000多米的山峰和清澈见底的湖泊，把这个地方变成了人间天堂。这座小城就像莫扎特的钢琴奏鸣曲一样，精致、轻巧，优雅、美丽。如果有一天，你亲临这里，你会发现这里的风景比照片中还要漂亮很多倍，哈尔施塔特小镇是奥地利非常理想的一个旅行目的地。

萨尔茨堡是一座旅游资源很丰富的城市，除了上面提到的那些美丽的景点，还有17世纪的宫殿——海尔布伦宫，奥地利最大的山区湖泊——阿特湖、卡比特广场、现代艺术博物馆、卡拉扬故居等。萨尔茨堡周边有非常多的自然风光，阿尔卑斯山脉这一带有很多美丽的山谷、高山牧场、郁郁葱葱的森林、碧波荡漾的纯净湖泊，这些童话般的景致吸引了无数艺术家来这里居住并寻找创作的灵感。

的各种故事和传说，可能在 1000 个人的心目中，会有 1000 个贝多芬的形象。

罗曼·罗兰的《贝多芬传》里对贝多芬有这样的描绘："贝多芬身材矮小，外表结实，穿着讲究，目光犀利而且准确，双眼闪烁着一种神奇的力量，反映出他内心思想的丰富。特立独行、桀骜不驯、坚忍不拔是他的性格标签，他渴望美满的婚姻，却屡屡遭遇失败，不得不承受感情的煎熬，同时又以顽强的毅力投入音乐的创作，写出了一系列的辉煌作品。后来他不幸耳聋，但他在肉体和心灵的双重痛苦重压下仍然保持着不屈不挠的斗争精神，保持着道德标准和巨大的创造力。"

贝多芬这个人物在我的心目中，是一个永恒的音乐偶像。自我从小学习钢琴起，他的音乐就与我形影不离，伴随着我走过了漫长的时光。他对我学习音乐的过程产生了非常深远的影响。无论是演奏简单的钢琴小品，还是技巧高超的大型钢琴奏鸣曲，贝多芬始终像一位高深莫测的音乐导师一样陪伴着我，授予我非凡的音乐武艺，让我可以自由地驰骋在音乐的江湖中，披荆斩棘，纵横千里。贝多芬的英雄精神，时时刻刻鼓励着我。他是一位音乐巨人，从某种意义上说，在我漫长的音乐学习生涯中，他给予了我无穷无尽的力量，他是我的精神支柱。不仅是我，他的光芒也照耀了无数位音乐家，近 200 年间涌现出的这些著名的音乐人物，很多都深受他的影响：舒伯特、舒曼、肖邦、李斯特、勃拉姆斯、门德尔松、柴可夫斯基等，还有现当代古典音乐界的演奏家们，都追随着贝多芬的足迹在成长。贝多芬，这个名字已经成为世界人类文明史上一个重要的文化符号。从某种程度上说，贝多芬定义了世界音乐的语言，他是维也纳古典乐派末期的最后一位人物，也是浪漫主义音乐的开创者。他用精湛的艺术造诣和源源不断的音乐灵感，创作出了一部部音乐史上的经典之作。他的《d小调第九交响曲（合唱）》，更是经典中的经典。

在我的音乐学习生涯中，贝多芬的作品给予了我非常深刻的影响

　　此刻，我们正在聆听的这部作品，就是贝多芬的《d小调第九交响曲》，是由卡拉扬担任指挥的柏林爱乐乐团的版本。这是最能代表贝多芬音乐风格的一部作品，是贝多芬在1819—1824年创

作的一部大型四乐章交响曲。因为他在最后一个乐章加入了大型合唱，故后人称之为《合唱交响曲》。合唱的部分是以德国著名诗人席勒的《欢乐颂》为歌词谱写的四声部合唱曲，这也是整首交响曲的中心主题。贝多芬通过这部作品表达了人类寻求自由的斗争意志，并坚信这个斗争最后一定以人类的胜利而告终，人类必将获得欢乐和团结友爱。

《d小调第九交响曲》这部作品从开始酝酿到完成，倾注了贝多芬数十年的心血，是其音乐生涯的登峰造极之作。将全曲从头至尾地演奏一遍需要一个小时以上，这部作品的每一个乐章都独具特点。我们聆听的这个版本，是我心目中《d小调第九交响曲》最经典的版本。1977年，由卡拉扬指挥柏林爱乐乐团在新年夜举办的音乐会，通过电视转播，全球有1亿7千万人同步观赏，这在当时被视为一场乐坛盛事。这场演出的录音唱片曾经获得1979年的格莱美奖，是卡拉扬早期和柏林爱乐乐团一起录制的《贝多芬第九交响曲》最好的版本之一。卡拉扬非常适合诠释贝多芬的音乐作品，他演绎出了对这部伟大作品的更高的精神领悟。

（3）贝多芬的交响曲

贝多芬的交响曲是世界交响乐殿堂中的永恒经典。正如音乐家比才所说："我把贝多芬交响曲置于最伟大之上，最负盛名。带有合唱的交响曲对我来说是艺术的巅峰，无论是谁都无权和贝多芬争夺'巨人泰坦'的桂冠。"

下面我们来了解贝多芬的九大交响曲，欣赏它们的风采。

《C 大调第一交响曲》的整体风格沿袭了莫扎特、海顿的很多音乐元素，是贝多芬最早的交响乐作品。该曲充满了欢乐的喜剧性，轻松诙谐，节奏明快，富于舞蹈性，是贝多芬早期交响乐的代表作。

《D 大调第二交响曲》描绘了宁静的、幻想般的诗情画意，这部作品虽然是贝多芬创作于逆境之中的，却有着乐观的力量和愉快的音乐情绪。

《降 E 大调第三交响曲》，又名《英雄交响曲》。它的第一乐章描绘了英雄在战斗中成长；第二乐章是葬礼进行曲，是贝多芬的独创；第三乐章是谐谑曲；第四乐章是凯旋进行曲式的终曲。全曲宏伟壮阔，是贝多芬交响曲中的代表作之一。贝多芬在创作此曲时，是以拿破仑为英雄的原型，因此他在总谱扉页上写有"题献给拿破仑·波拿巴"的字样，后来当他听说拿破仑称帝时，就愤怒地撕去了作品封面，改为"为纪念一位伟大的人物而写的英雄交响曲"。

《降 B 大调第四交响曲》这部作品充满了明朗、富于诗意的音乐情绪，也有着严谨的音乐结构。《降 B 大调第四交响曲》是贝多芬应他的一位崇拜者——奥派尔斯道尔夫伯爵的委托而写的，贝多芬为此收到了 500 弗罗林（当时流通的一种黄金货币）的创作酬金。

《c 小调第五交响曲》，又名《命运交响曲》，是贝多芬最为知名的代表作，是一部享誉世界的音乐作品。据说，贝多芬曾将 4 个音的动机解释为"命运之神在敲门",贝多芬用它主导了第一乐章,并让它在整个交响曲中扮演了相当重要的角色。c 小调是贝多芬创作音乐时经常使用的曲调,从 c 小调第一乐章的冲突与斗争,发展到 C 大调第四乐章的胜利与喜悦。这部作品非常形象地描绘了贝多芬的性格。

《F 大调第六交响曲》,又名《田园交响曲》。创作这部作品时的贝多芬双耳已经完全失聪,这部作品正表现了他在这种情况下对大自然的依恋与向往,这是一首非常具有画面感的音乐作品,贝多芬将这部作品命名为《田园交响曲》,是他少数的各乐章均有标题的作品之一,也是贝多芬 9 部交响乐作品中标题性最为明显的一部,这部作品也是我非常喜欢的交响曲之一。

《A 大调第七交响曲》虽然是无标题的作品,但是人们通常喜欢把它称为"舞蹈性的交响曲""舞蹈的颂赞"。这部作品见证了一段历史,当贝多芬的这部交响曲第一次上演时,拿破仑帝国已到了分崩离析的最后阶段。它拥有贝多芬所写出的最著名的慢板乐章及最著名的快板乐章,所以它的地位在九大交响曲中终究是不可忽视的。

《F 大调第八交响曲》贝多芬在创作这首交响乐时生活并不顺利,疾病与感情上的失落困扰着他,但该作品依然有着轻松愉快的风格。贝多芬用音乐来描绘自己的内心感情,同时用音乐温暖身处的这个世界。与贝多芬的其他一些作品(如著名的《月光奏鸣曲》)类似,该交响曲的末乐章分量最重。

《d 小调第九交响曲》,又名《合唱交响曲》,这部交响曲被公认为贝多芬在交响乐领域的最高成就，是其音乐创作生涯的登峰造极之作，更是世界交响乐历史上永恒而经典的音乐诗篇。

（4）贝多芬的钢琴音乐

贝多芬的钢琴音乐中最具代表性的，就是他的 32 首钢琴奏鸣曲和 7 首钢琴协奏曲。

①钢琴奏鸣曲

贝多芬的 32 首钢琴奏鸣曲，是世界音乐史上最经典的钢琴作品集，又被称为钢琴音乐中的"新约全书"。贝多芬的 32 首钢琴奏鸣曲完成于 1795—1822 年，创作过程长达 27 年。这 32 首钢琴奏鸣曲贯穿了贝多芬的一生，按照创作的时间分为早期、中期和晚期，堪称一部"贝多芬自传"。《贝多芬 32 首钢琴奏鸣曲》是我最喜欢的钢琴作品集，这里面有很多我经常弹奏的作品，这些曲目对于我来说有着非常重大的意义。我们在这部作品集的每一首奏鸣曲中都能感受到贝多芬在不同人生阶段的思想和感情——可能他坠入爱河，也可能沉浸在愤怒里，又或者是在进行痛苦的内心独白。

在他的 32 首钢琴奏鸣曲中，听众们最为熟悉的是《d 小调第 17 号钢琴奏鸣曲（暴风雨）》《c 小调第 8 号钢琴奏鸣曲（悲怆）》《f 小调第 23 号钢琴奏鸣曲（热情）》《c 小调第 21 号钢琴奏鸣曲（黎明）》《升 c 小调第 14 号钢琴奏鸣曲（月光）》等，这几首奏鸣曲是古典音乐爱好者耳熟能详的经典钢琴曲目，也是各大音乐院校钢琴专业学生的必弹曲目。

Ludwig van Beethoven
5 Klavierkonzerte
Piano Concertos · Concertos pour Piano
Wilhelm Kempff
Berliner Philharmoniker
Ferdinand Leitner

《贝多芬五大钢琴协奏曲》唱片封面（钢琴家肯普夫与柏林爱乐乐团版本）

②钢琴协奏曲

钢琴协奏曲，顾名思义，就是钢琴与乐队共同演奏的曲子，这是器乐作品中最具有戏剧效果的一种音乐体裁。钢琴与乐队在音乐旋律的发展过程中，既相互对抗又相互融合，在对立与统一的相互作用下产生丰富的音乐效果，产生一种耐人寻味的听觉感受。

贝多芬一共作有5首有编号的钢琴协奏曲，另有D大调小提琴协奏曲改编而成的钢琴协奏曲，一般称为"第六钢琴协奏曲"；还有一首降E大调钢琴协奏曲，加起来一共是7首钢琴协奏曲。

贝多芬的钢琴协奏曲作品中，最著名的就是他的《降E大调第五钢琴协奏曲（皇帝）》。这首钢琴协奏曲是贝多芬的所有协奏曲中，乐队与钢琴的技巧发挥得最淋漓尽致、最华丽的一首。但是"皇帝"这一标题并不是贝多芬自己取的，公认的说法是本曲在当时被誉为无可争议的"协奏曲之王"，故此得名。这部作品总共分为3个乐章，贝多芬使用了大小调交替的音乐创作方式，从而在音乐的色彩上产生了一种很强烈的明暗对比。富有张力的和弦，难度超高的钢琴演奏技巧，为听众们营造出了一幅波澜壮阔、变化无穷的音乐画面。这首钢琴协奏曲，在世界音乐史上是一部极具代表性的作品，也是现当代钢琴家们彰显个人演奏技巧的必弹曲目。

（5）钢琴小品《献给爱丽丝》的故事

据说在1808—1810年，年近40岁的贝多芬有一个名叫特蕾泽·玛尔法蒂的女学生，这位女学生聪明美丽，并且有一双迷人的眼睛，贝多芬喜欢上了她，专门创作了一首《a小调巴加泰勒》的小曲赠给她，并在乐谱上题写了"献给特蕾泽，1810年4月27日，为了纪念"的字样。之后，这份乐谱就一直留在特蕾泽那里，贝多芬没有自留底稿。许多年过去了，后人在贝多芬去世后在其作品目录里没有找到这首曲子，在当时那个年代，这是一首被遗忘的作品。直到19世纪60年代，德国音乐家诺尔为贝多芬写传记，

贝多芬在德国波恩的故居

在特蕾泽·玛尔法蒂的遗物中才发现了这首乐曲的手稿。1867年，诺尔在出版这首曲子的乐谱时，把原名《献给特蕾泽》错写成《献给爱丽丝》。从此，这首钢琴小品开始以《献给爱丽丝》的名称在世界上广泛流传，而原名《献给特蕾泽》却被人们忘记了。

（6）贝多芬的朋友圈

贝多芬的一生中，出现了很多对他影响深远的人。那些在经济上给予他很多资助的贵族赞助人，如弗里德里希王子、里希诺夫斯基亲王等，他们曾将贝多芬带入维也纳的贵族社交圈。贝多芬曾经师从海顿学习作曲，也接受过莫扎特的指点，舒伯特是贝多芬的忘年交，还有其他很多音乐家也和贝多芬有着不少的联系。贝多芬也有很多同时代的文学家朋友，歌德和贝多芬之间关系密切，贝多芬曾为歌德的戏剧《艾格蒙特》创作配乐，其中的序曲就是著名的《艾格蒙特序曲》。

贝多芬终生未婚，然而他的风流韵事也不少。在冯·勃朗宁的家里，他结识了许多迷人的年轻女士，但是他喜欢的对象社会地位往往都比他高，这或许可以解释他为什么总是在感情生活中感到沮丧了。贝多芬创作《升c小调第14号钢琴奏鸣曲（月光）》的目的是送给一位比他小14岁的年轻女子，女子名叫朱丽叶塔·圭查蒂，贝多芬曾经深爱她，但是这段感情无疾而终。那首著名的《献给爱丽丝》，是贝多芬送给一位女学生的作品，这位女学生名叫特蕾泽·玛尔法蒂，也是贝多芬喜欢过的女子。而贝多芬创作的声乐作品《致远方的爱人》，有人说这是他为自己曾经的未婚妻创作的，也有人说这是他为一位贵族女子创作的，具体是送给谁的，至今依然是音乐史上的一个谜。

据说贝多芬在晚年时在社交生活方面相当成功，与很多贵族都有联系，并且他有着很高的社会知名度。贝多芬在维也纳时，国王、亲王和大使们都十分尊敬他，他获得了数不尽的金钱和礼品，一时间，名利双收，他的财政地位大大提高。他还成了奥地利银行的股东之一，他的弟弟卡尔也因此实现了金钱自由。

贝多芬的一生，有着丰富的经历，这些经历就像他的音乐一样百转千回，波澜壮阔。他的人生就像一部电影，充满了戏剧性。

贝多芬的音乐让200多年的时光重叠，在如今这个浮躁的时代，这些音乐依然陪伴着我们，给予我们力量与希望，能够听懂贝多芬的音乐，是一种很幸福的体验。罗曼·罗兰在《贝多芬传》中曾这样评价他："从他的身上散发出的一种勇气，一种斗争的幸福，一种感到与上帝同在的陶醉，这种感受传染给了我们。好像在他同大自然每时每刻的沟通交融之中，他终于汲取了深邃的力量。"

"我从未曾想过创作是为了名誉与荣耀，我一定要把内心深处的情感表现出来，这才是我作曲的真正原因。"——贝多芬

10部必听的贝多芬音乐作品：

《贝多芬32首钢琴奏鸣曲集》

《降E大调第五钢琴协奏曲（皇帝）》

《F大调第五小提琴奏鸣曲（春天）》

《贝多芬钢琴三重奏全集》

《降E大调第三交响曲（英雄）》

《c小调第五交响曲（命运）》

《F大调第六交响曲（田园）》

《d小调第九交响曲（合唱）》

《D大调第二交响曲》

声乐套曲《致远方的爱人》

贝多芬的故乡德国波恩摆放的贝多芬雕像

聆听《田园交响曲》，漫游美丽瑞士

聆听音乐：《F大调第六交响曲（田园）》

（旅行地点：瑞士）

《贝多芬F大调第六交响曲（田园）》唱片封面 （库贝利克与英国皇家爱乐乐团版本）

记得我曾经在自己的日记上写下这样一段话："艺术家是每个时代里最敏感的人，他们用独特的视角观察着这个世界，在他们的眼中，平凡的生活也被赋予了丰富的色彩与意义。"

本节我推荐的这部《F大调第六交响曲》，又叫作《田园交响曲》，是我在自己的音乐歌单中最喜欢的一部作品。这部交响曲对我而言，已经超越了音乐本身的意义，它更像是一幅唯美动人的自然风景画，充满了色彩感与画面感，同时又极具浪漫情怀。每次聆听这部作品，总给予我一种非常舒适的听觉体验。

《田园交响曲》大约完成于1808年，是贝多芬的代表作之一。贝多芬在这部作品的每一个乐章中，都进行了文字的描绘，用文字来说明音乐想要表现的那个世界。在创作这部作品时，贝多芬的双耳已经完全失聪，所以这部交响曲是一部充满回忆的作品。正如罗曼·罗兰所说："贝多芬什么都听不见了，就只好在精神上重新创造一个已经灭亡了的世界。要听见它们的唯一方法，就是让它们在心里歌唱。"

贝多芬曾经在位于维也纳郊外的海利根施塔特小镇居住，这里有一条贝多芬小路。据说贝多芬经常来这条小路上散步，他随身带着一个小日记本，当他想到一些动听的旋律时，就会把音符记录在日记本上。很多著名的作品都是贝多芬在散步时找到的音乐灵感汇聚而成的，包括这部《田园交响曲》。它是贝多芬所有的交响乐作品中最具代表性的标题音乐。所谓标题音乐，就是指音乐具有故事性、情节性，能够表现文学概念或绘画场面。贝多芬为这部交响乐加的标题是"田园生活的回忆"。他在总谱的扉页上特别注明："主要是情感的表现，而不是音画"。

这部《田园交响曲》，就像是贝多芬的音乐日记，或者音乐回忆录。贝多芬回忆起年少时在乡村的生活，将内心的情感和对往日时光的留恋融入这部动人的作品中。这部《田园交响曲》由5个鲜明、生动、具有民间特色的乐章构成，是贝多芬交响曲的乐章数之最，每一个乐章都有贝多芬亲自写的标题。

第一乐章的标题为"初到乡村时的愉快心情"。这一乐章充满浓郁而清新的乡间气氛，旋律欢快优美，使人们感受到了贝多芬投身大自然后的喜悦心情，有一种恬静、清新的感受，是我最喜欢的乐章。

第二乐章的标题为"在美丽的小溪边"。这是一个描写静观默想的乐章，在如小溪潺潺流水的第二小提琴、中提琴与大提琴的伴奏下，音乐极具画面感与色彩感。

第三乐章的标题为"乡村欢乐的集会"。音乐取材于民间旋律，描写了乡间村民兴高采烈地舞蹈的场面。

第四乐章的标题为"暴风雨"。这一乐章用小调的创作方式描写了暴风雨来临的景象，打破了恬静、祥和的田园风光。

第五乐章的标题为"田园牧歌，描写暴风雨过后欢乐和感激的心情"。这一乐章恬静、开阔，仿佛乡间村民在田野中歌唱，表现了雨过天晴之后的美景，描绘了一种喜悦、安静的氛围。

贝多芬天生热爱自然，喜欢远离都市，感受美丽的自然风光。

他经常离开维也纳，为的就是到偏远的乡村工作。1808年夏天，他在书信中说："我在灌木、大树、草坪和岩石间行走的时候，是多么快乐啊！因为树丛、花草和岩石，都能给人以共鸣。"是的，很多艺术家天生都是敏感的，正是因为有一颗敏感的内心，贝多芬才能创作出那么多美妙的作品。

当我第一次听到《田园交响曲》这部作品时，我脑海中浮现的就是阿尔卑斯山一带的田园风光。让我们听着这部动听的《田园交响曲》，开启浪漫的瑞士之旅。

瑞士是一个很美丽的国度，这里的旅游资源非常丰富，有"世

贝多芬的《田园交响曲》中所要表现的意境就像瑞士的风景，宽广、宁静、美丽

界公园"的美誉。阿尔卑斯山脉造就了瑞士多样的气候和独特的自然景观，这里有美丽的雪山、纯净的高原湖泊、远离尘嚣的田园小镇，还有历史悠久的古城堡。瑞士的主要城市有苏黎世、日内瓦、巴塞尔、伯尔尼、卢塞恩等，每一个城市都独具风情。著名的班得瑞乐团，就是瑞士本土的一个轻音乐演奏团体，他们的音乐呈现出一种清新、纯净的自然气息，就像瑞士美丽的田园风光。

如果你不去瑞士，你也许永远都不会知道，这样的一个童话国度远远比你想象中更美。

让我们搭乘瑞士全景观光列车一起来领略瑞士的美景。

记得有一部电影中的台词是这样说的："坐错的火车，有时候会带你去正确的目的地。"是的，在瑞士，火车观光旅行是必体验的项目。瑞士拥有一系列专业的全景观光列车，如金色山口快车、冰川快车、伯尔尼纳快车等，这些列车会带你欣赏瑞士最具代表性的风景。

金色山口快车，也被称作"黄金快线"，全程由3条铁路组合而成，它将日内瓦湖、图恩湖、布里恩茨湖和琉森（卢塞恩）湖等瑞士最美丽的湖泊连接在一起。乘坐这趟列车，你能感受到纯正的阿尔卑斯山脉风光，几乎全程都是令人惊喜的景色。一路上你会看到清透澄澈的湖泊，高耸入云的雪山，安静祥和的小镇，这趟列车仿佛把你带入了一个诗意的、田园般的童话世界。

冰川快车，是世界十大顶级豪华列车之一，也是世界上行驶得最慢的景观列车（平均时速大约为30千米），火车行驶完全程需要近 7.5 小时，途中会翻过海拔为 2033 米的阿尔卑斯山口，沿途可以近距离饱览冰雪奇观。

伯尔尼纳快车会经过连接瑞士中部和意大利北部的旅行铁路，途经 55 条隧道、196 座桥梁，其中有很多建在悬崖峭壁上的高架桥，全程既惊险曲折，又可以览尽瑞士的绝色风光。其中，图西斯至蒂拉诺段铁路因其险状被联合国教科文组织列入《世界遗产名录》中，称为"雷蒂亚铁路"。

坐上金色山口快车，沿途能看到绝美的瑞士风景

坐在金色山口快车上，随手一拍，都是令人心动的风景

①伯尔尼和苏黎世

伯尔尼是瑞士的首都，地处瑞士高原，毗邻阿尔卑斯山，莱茵河的支流阿勒河穿城而过，形成水中有城、城中流水的景象。河水时而像碧玉一样青翠，时而像海水一样湛蓝。这里有很多历史悠久的古建筑，很多电影都曾在这里取景，是一座如画般的美丽城市。

苏黎世位于瑞士的中心地带，是瑞士第一大城市，世界金融中心之一，它连续多年被评为"全球最宜居城市"之一。这里集中了120多家银行，其中半数以上是外国银行，享有"欧洲亿万富翁都市"的称号。这里不仅经济发达，文化生活也非常丰富。每年这里都会举办无数演唱会、音乐会、歌剧、艺术展，让人目不暇接，是欧洲著名的旅游城市。

②卢塞恩

卢塞恩又被称为"琉森"，是我非常喜欢的欧洲城市之一，它地处瑞士的中心，于公元8世纪建城，曾是中古时期瑞士的首都。这是一座有故事的城市，也是非常具有文化气息的浪漫之都。这里湖光山色相互映衬，还有很多有故事的建筑。历史上，很多著名的作家和艺术家都曾在此居住，从山水之间寻求创作灵感。

俄罗斯文豪托尔斯泰曾在卢塞恩居住了很长时间，并写出了同名小说《琉森》，这里是托尔斯泰非常钟爱的欧洲城市。音乐家瓦格纳对这里着了迷，他说："卢塞恩的温柔使我把音乐都忘记了。"一代佳人奥黛丽·赫本曾在这里定居。维克多·雨果曾多次来到卢塞恩，他所居住的小楼至今仍保存完好。

欧洲最著名的古典音乐节之一——琉森音乐节就是在卢塞恩举办的，音乐节期间，全世界顶尖的古典音乐家都会来这里演出。琉森湖畔的琉森文化艺术中心是音乐节的固定演出地点。卢塞恩在西方音乐史上很出名，很多音乐作品都是在这座城市诞生的，它是一座典型的音乐之城。卢塞恩是罗西尼的歌剧《威廉·退尔》中主人公的出生地；贝多芬的《升c小调第14号钢琴奏鸣曲》，因被德国诗人莱尔斯塔勃赞美为"闪烁在琉森湖上的美丽月光"而得名《月

瑞士是一幅色彩斑斓的
风景画，是一部美妙动
听的交响曲，等待着你
去慢慢探寻

　　瑞士是一个非常有特点的美丽国度，除了刚才提到的那些地方，还有数不尽的田园风光、高山湖泊以及精致典雅的建筑。在哈德山的"上帝之眼"，可以看到美丽的阿尔卑斯山脉风光；在米伦的鲜花之路，可以感受到诗意的、田园般的美好；在冰湖畔的绝美小城图恩，可以欣赏到比琉森湖还美的风景；在龙疆小镇，可以感受到世外桃源般的湖光山色。瑞士的美，是大自然赋予的一种悠闲态度；瑞士的美，是散布于山谷中的纯净湖泊，如宝石般珍贵，谁都想要一睹它的风采。如果有一天你来到瑞士，一定要放慢脚步，静静地感受这个童话般的美丽国度。瑞士是一幅色彩斑斓的风景画，是一部美妙动听的交响曲，是来到欧洲旅行的必去之地。

07 维也纳艺术之旅

聆听音乐：贝多芬《F大调小提琴浪漫曲》

（旅行地点：奥地利 维也纳）

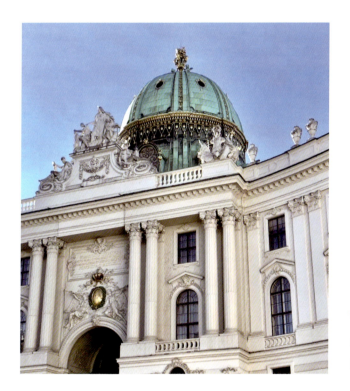

维也纳霍夫堡宫
建筑群一角

贝多芬的《F大调小提琴浪漫曲》，创作于1802—1803年，是贝多芬仅有的两首小提琴浪漫曲之一，充分体现出了他在旋律创作方面的天才。这部作品处处洋溢着优美绝伦的韵律，让人感到十分亲切，仿佛眼前展现出了一幕幕浪漫而美丽的画面，小提琴特有的优雅音色更是给作品蒙上一层梦幻般的面纱。此刻，让我们听着这首乐曲，一起漫游维也纳。

维也纳，是海顿、莫扎特、贝多芬生活多年的城市，他们在这里创作了许多美妙动听的经典作品。这座城市有一种天生的音乐氛围和艺术气质，它吸引了无数艺术家来这里生活并寻求创作的灵感。维也纳是世界著名的艺术之都和音乐之都，也是欧洲极具代表性的文化城市。

维也纳，这座浪漫的城市，总会让我联想到很多美妙的音乐作品。来到维也纳旅行，音乐是必不可少的，因为这里的每一座典雅的建筑，每一处动人的风景，都蕴含着音乐的诗意。从某种意义上说，我最喜欢维也纳，尽管欧洲有很多风情万种的城市，但在我心里，维也纳很特别，和其他地方不一样。

让我们跟随电影，走进维也纳。相信许多人都看过《爱在黎明破晓前》《爱在日落黄昏前》《爱在午夜降临前》这3部电影，这是同一导演、同一对男女主角用了18年的时间演绎的爱情三部曲，是非常经典的爱情电影。

《爱在黎明破晓前》是"爱在"三部曲中的第一部电影，拍摄于1995年。男女主角杰西和赛琳娜在一辆从布达佩斯开往维也纳的火车上偶遇，并且一见钟情，当火车就要到达维也纳时，杰西邀请塞琳娜一起游览维也纳，一段在旅行中发生的恋情就这样开始了。他们一边游览维也纳这座城市，一边谈论着彼此的过往和对生活的感想，谈话间他们对彼此的了解也越来越深刻。刚认识不久的两人在夏日的维也纳街头散步，从傍晚走进城市的夜色中，他们在唱片店里听同一张黑胶唱片，在咖啡馆里玩电话游戏，坐在摩天轮上俯瞰整个城市的风景，在多瑙河边聆听诗人为他们即兴创作的诗歌，在阿尔蒂娜博物馆前聊天。在经历了一个昼夜的短暂相遇之后，两个人在黎明前互相道别，回到各自的城市。他们在一天的时间内谈了一场恋爱，在第二天到来前，又很自然地分开，这段相遇就像一场梦。我记得那句台词："就好像我在你的梦中，你也在我的梦中……"这部电影只是一个恋爱小故事而已，而美丽的维也纳，见证了太多浪漫的情节，无数恋人在这里留下了只属于他们的爱情故事。

维也纳，一直都以音乐、绘画等各种艺术而闻名，美丽的风景伴随着浪漫多情的多瑙河，让这座城市成为世界各地的旅行者们向往的地方。每天都有无数的音乐会、歌剧在维也纳上演，在这里，艺术触手可及。可以说世界上没有任何地方的舞会像维也纳这样浪漫而正式了，一切的浪漫邂逅都从一场华丽的维也纳华尔兹开始。建筑赋予了维也纳美丽的城市轮廓，典雅的艺术增添了维也纳迷人的气质，经过几百年的岁月变迁，这里依旧保持着独特的华丽与格调。接下来，让我们一起走进这座令人心动的城市，开启这场梦幻般的维也纳艺术之旅。

（1）美泉宫

你是否听说过茜茜公主的传说？维也纳美泉宫就是公主真实

生活过的地方。美泉宫坐落在维也纳西南部，这座巴洛克风格的建筑曾是哈布斯堡家族的避暑皇宫，也是维也纳的夏宫。这座宫殿与法国的凡尔赛宫同样知名，是一座非常华丽的皇家宫殿，这里也是维也纳"夏季音乐会"的举办场地。

　　美泉宫最早是哈布斯堡家族的狩猎场，因为有一座美丽的喷泉而得名。在1743年，奥地利女皇玛丽亚·特蕾西亚在此地修建了华丽的美泉宫和巴洛克式花园，总面积有2.6万平方米，仅次于法国的凡尔赛宫。这是一座世界知名的宫殿，美泉宫的内部采用的是

茜茜公主的画像

洛可可式的装饰艺术，宫殿外部的花园则是巴洛克式的。

美泉宫的皇家园林精美典雅，既有茂密的森林，又有如茵的草坪，半山坡上还建有美丽的凯旋门。这座法式风格的皇家花园非常值得一逛，漫步至花园的尽头还能远眺维也纳的城市风光。

每年6月，在美泉宫的花园，维也纳爱乐乐团都会举行一次露天的晚场音乐会，这就是著名的美泉宫之夜夏季音乐会。美泉宫之夜夏季音乐会是维也纳市政府继维也纳金色大厅的新年音乐会之后，倾力打造的又一个国际级音乐会。这场音乐会每年都会邀请世界顶级的指挥家以及世界一线的古典音乐演奏家，其演出内容非常丰富。这是一场免费的音乐会，每年都会吸引近10万维也纳市民和来自世界各地的游客们参加。美丽的夏夜，在美泉宫的花园里，聆听一场动听的古典音乐会，真的是很棒的体验。

美泉宫之夜夏季音乐会，每年都会吸引无数的音乐爱好者来到维也纳

（2）霍夫堡皇宫

霍夫堡皇宫是奥地利哈布斯堡家族的宫殿，坐落在维也纳的市中心。这座皇宫是一个建筑群，有18栋楼房、19座庭院和超过2000个房间，有"城中之城"的美名。这里有哥特式、文艺复兴式、巴洛克式和洛可可式等不同风格的建筑，现在的霍夫堡皇宫是奥地利的总统官邸所在地。

霍夫堡皇宫作为哈布斯堡家族的冬宫，汇集了多种建筑特色，是欧洲最壮观的宫殿群之一。其主要景点有霍夫堡皇宫大门、英雄广场、新霍夫堡皇宫、礼仪大厅、弗兰茨皇帝广场、宴会和银器馆、瑞士人大门、城堡小教堂、珍宝馆、皇帝居室、约瑟夫广场和奥地利国家图书馆等。其中，城堡小教堂旁边的宫廷乐室是著名的维也纳童声合唱团的摇篮，每逢礼拜天和宗教节日，合唱团都会在这里进行小型演出。霍夫堡皇宫就在维也纳的市中心，周边有很多美丽的景点，这里是来维也纳旅行的必去之地。

（3）奥地利国家图书馆

奥地利国家图书馆是一座非常美丽的、古老图书馆，它的前身是哈布斯堡家族的皇家图书馆，其历史最早可追溯到14世纪，这里收藏了大量手稿、古版书，是一座非常有特点的建筑。这座图书馆很像《哈利·波特》系列电影里霍格沃茨图书馆的氛围，内部空间如同艺术博物馆一样奇妙，拥有典雅精美的装饰设计，是一座壮观的巴洛克式图书馆。

奥地利国家图书馆有一个非常华丽的大厅，这里拥有挑高的

霍夫堡皇宫的建筑

霍夫堡皇宫的建筑

拱顶以及令人惊叹的壁画。在这个空间里面，金碧辉煌的装饰和具有年代感的古书完美地融合在一起，巴洛克式的奢华内饰让你有一种进入宫殿的错觉。在高大的穹顶处有一扇窗户，自然光可以从上面的窗户照进室内空间，这种感觉特别神奇。这座充满奇幻色彩的建筑，是世界十大最美图书馆之一，也是我心目中最美的图书馆。

奥地利国家图书馆美丽的内部空间

①美景宫（宫殿中的美术馆）

美景宫是维也纳最著名的巴洛克式宫殿之一，由两座巴洛克式宫殿（上美景宫和下美景宫）、橘园和皇宫马厩组成。连接上下两个美景宫的，是一座华丽的花园，宫殿和花园完美地融合在一起，景色怡人。站在上美景宫远眺内城，维也纳市内的建筑和维也纳森林交相辉映，构成了一片独一无二的美丽景色。

　　如今的美景宫，变成了奥地利国家美术博物馆，它是世界上最重要的艺术博物馆之一。上美景宫主要收藏有19世纪和20世纪艺术家的作品，这里有克里姆特、席勒还有莫奈等艺术家的作品。奥地利画家克里姆特的代表作《吻》就收藏在这里。下美景宫收藏了很多属于那个时代的经典作品。

美景宫的艺术藏品《吻》　作者：古斯塔夫·克里姆特（1862—1918）

②维也纳艺术史博物馆

维也纳艺术史博物馆，是世界著名的艺术博物馆之一，可以和俄罗斯的国立艾尔米塔什博物馆、法国的卢浮宫、英国的大英博物馆相提并论。维也纳艺术史博物馆珍藏着哈布斯堡家族数百年来收集的欧洲艺术珍品。鲁本斯、伦勃朗、丢勒、拉斐尔、提香、勃鲁盖尔等著名画家的作品使这座艺术博物馆驰名世界，散发出耀眼的艺术光芒。

维也纳艺术史博物馆是一座专为展出艺术品而设计的宏伟建筑，由哈布斯堡家族斥巨资修建而成。维也纳艺术史博物馆具有文艺复兴式的壮丽外观，又巧妙地使用了各色大理石进行内部装饰。除了以丰富的收藏品吸引游客外，华丽的外表与精致典雅的内部空间也是它闻名于世的要素之一。

维也纳艺术史博物馆藏品《巴别塔》 作者：老彼得·勃鲁盖尔（1525—1569）

维也纳艺术史博物馆的
天顶画

维也纳艺术史博物馆华
丽的内部空间

维也纳艺术史博物馆有当今世上最重要的收藏：16世纪的威尼斯画派如提香、丁托列托等名家的作品，17世纪的佛兰德斯画派如鲁本斯、安东尼·凡·戴克等名家的作品。这里还有全世界独有的老彼得·勃鲁盖尔特藏，如《牧归》《巴别塔》《冬猎》《农民婚礼》，约翰内斯·维米尔的《绘画艺术》，伦勃朗的《自画像》，拉斐尔的《草地上的圣母》，等等。这里的大部分著名典藏都是哈布斯堡家族从各地收购来的艺术家名作，因此艺术界有一句戏称："维也纳艺术史博物馆，其实就是哈布斯堡家族的艺术品'购物车'。"

③分离派展览馆

分离派展览馆，是我非常喜欢的艺术馆之一，也是维也纳著名的分离派建筑，兴建于1897年。这里最著名的藏品就是古斯塔夫·克里姆特的名作《贝多芬横饰带》，这是最为人熟知的分离派风格的艺术品，被认为是对贝多芬的《d小调第九交响曲》最完美的诠释。这幅作品是音乐与绘画的结合，克里姆特用绘画将他听到的贝多芬交响曲转化成色彩与图像，这是非常具有创意的一种艺术表达方式。克里姆特的这幅作品完美地诠释了如何用美术来描绘音乐，分离派展览馆也因这幅画作而驰名世界。

④维也纳国家歌剧院

维也纳国家歌剧院，最初建于1861年，是古典音乐殿堂级的演出机构。这座歌剧院有着非常精致典雅的装饰设计，在如此华丽的艺术空间里欣赏音乐，真的是一种绝佳的体验。世界知名的

分离派展览馆藏品《贝多芬横饰带》（局部）作者：古斯塔夫·克里姆特

维也纳国家歌剧院新年舞会，每年都会在这里上演。歌剧院新年舞会因其独特的光彩和优雅浪漫的氛围，成为继维也纳新年音乐会后又一个音乐和舞蹈的盛宴，也将维也纳国家歌剧院打造成了世界上最美丽、高贵、豪华的舞蹈殿堂。

⑤维也纳金色大厅

关于维也纳金色大厅，本书的第一乐章有详细的介绍。

⑥圣斯蒂芬大教堂

在维也纳的市中心，有一座非常具有特点的哥特式建筑，高耸的尖塔令这座建筑如此醒目，它几乎成了维也纳的旅游名片，这就是著名的圣斯蒂芬大教堂。

圣斯蒂芬大教堂最早可以追溯到公元 12 世纪，它是维也纳的地标建筑，又被称为"维也纳之心"。这座教堂的塔高 136.7 米，其高度仅次于科隆大教堂和乌尔姆的敏斯特教堂，位居世界第三。这是一座有故事的建筑，经历了几百年的世事变迁，这座建筑的尖塔是哈布斯堡家族统治奥地利期间修建的。130 多米高的尖塔是教堂的特色，游客们可以沿着尖塔内狭窄的楼梯登上塔顶，在塔顶可以欣赏维也纳迷人的城市风光，这里是来维也纳旅行的最佳拍摄地。

圣斯蒂芬大教堂外景

⑦中央咖啡馆

如果有一天你来到了维也纳，中央咖啡馆是非常值得去的地方。这座咖啡馆被誉为"世界十大最美咖啡馆"之一，是维也纳艺术与文学的摇篮，贝多芬、肖邦、舒伯特等都曾是这里的座上宾。这座精美、典雅的咖啡馆是19世纪欧洲人的一个重要聚会场所，充满了古典主义美感，莫扎特咖啡和苹果派是这里的必点品。

⑧百水公寓

百水公寓是维也纳的一座非常具有设计感的建筑，建于1985年，由百水先生（奥地利艺术家、建筑设计师）设计，这座公寓的外墙面，由许多鲜艳的颜色拼接而成，让人目不暇接。整座建筑都看不到一条直线，窗户也是形状各异的。平台和阳台上都种满了植物，充满生机。据说最初这座公寓是提供给维也纳的低收入群体居住的，目前公寓中的房客大多数都是艺术家。这是我自己非常喜欢的一座建筑，它反映了设计师无限的艺术灵感与打破常规的设计理念。百水公寓是旅行者们必来"打卡"的地方。

美丽的维也纳是一座底蕴非常丰厚的城市，来这里旅行，你总是能发现惊喜，发现美好。如果有一天你来到了维也纳，不妨放慢脚步，慢慢感受。

至此，本书第三乐章的旅行即将告一段落。从第一乐章到现在，我们已经去了很多美丽的地方，但是旅途尚未结束。接下来的时空穿越之旅，我会带你们去19世纪的欧洲，认识一些属于那个时代的朋友们。

第四乐章，浪漫主义时期，有更多的精彩等待着我们。

百水公寓外景

音 乐 漫 游 记

The Fourth Movement

第四乐章　浪漫主义时期

01 繁星闪耀的 19 世纪

聆听音乐：肖邦 《g 小调第一叙事曲》

（旅行地点：法国巴黎）

"假如你有幸年轻时在巴黎生活过，那么你此后一生中不论去到哪里，她都与你同在，因为巴黎是一席流动的盛宴。"——海明威《流动的盛宴》

此刻，在巴黎，我走进一家咖啡馆，找到一个安静的角落坐下，忽然听到了一段熟悉的琴声：g 小调的主和弦在温柔的指尖下轻轻地流淌，如诗般的韵律在耳边缓缓萦绕，充满色彩感与戏剧性的和声融入了美妙的乐句里，似乎在诉说一段回忆。我静静地坐在角落，闭上眼睛感受着这个空间，在钢琴声的指引下，我仿佛走进了一幅画：我看到肖邦在弹琴，钢琴旁边是一位优雅的女子，她是乔治·桑，还有音乐家李斯特、比才，文学家雨果、莫泊桑、巴尔扎克……我仿佛看到了这家咖啡馆 100 多年前的景象。有时候，音乐真的可以让灵魂穿越回某个特定的时代。我耳边听到的这首钢琴曲，就是肖邦的《g 小调第一叙事曲》，它创作于 1831—1835 年，而此刻我所在的这家咖啡馆，就是巴黎著名的和平咖啡馆。19 世纪以来，这里一直是很多知名人物经常光顾的地方。咖啡馆旁边就是著名的巴黎歌剧院，肖邦、李斯特、比才等音乐家曾多次在这里聚会，这里也是在法国旅行必去的咖啡馆之一。遥想 100 多年前，肖邦也许此刻和你坐在同样的位置，看着窗外的风景。此刻透过窗外望去，即可看到建于 19 世纪的巴黎歌剧院。

在巴黎，如果你想寻找历史遗迹，探寻文化故事，那么除了那些博物馆、音乐厅、歌剧院、教堂、皇宫，你身边的小咖啡馆也值得一去，它们也许就是海明威、毕加索、达利、莫奈、肖邦、李斯特、卢梭、雨果等人曾经常光顾的地方。在这些咖啡馆里，你可以近距离地触摸巴黎的历史与文化，它们主要分布在 3 个街区，即蒙马特高地、塞纳河左岸的圣日耳曼和蒙帕纳斯。我曾经在一本书上看到一句话："19 世纪，几乎所有的天才都涌向了巴黎。"这句话虽然有些许夸张，但是很清楚地说明了巴黎是 19 世纪欧洲的文化艺术中心之一。

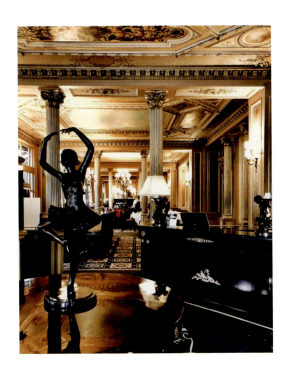

肖邦经常光顾的和平咖啡馆

透过和平咖啡馆看到的巴黎歌剧院

巴黎歌剧院外景

肖邦的钢琴曲创作手稿

肖邦的肖像画

走出巴黎和平咖啡馆，路过香榭丽舍花园，路过巴黎大皇宫，穿过几个街区，走到美丽的塞纳河边，今天天气晴朗，让我想起了那首《巴黎的晴空下》。不远处，就是美丽的埃菲尔铁塔、凯旋门、巴黎歌剧院，这些建筑均建于19世纪。在19世纪中期，拿破仑三世对整个巴黎城的大胆改造，让巴黎经历了一次重生。巴黎曾在1855年和1867年两次举办大型世界博览会，改造后的巴黎焕发出了勃勃生机，美术馆、音乐厅、歌剧院、公园、咖啡厅、艺术沙龙越来越多，吸引了来自世界各地的艺术家。艺术家们在巴黎寻找艺术创作的灵感，在文学、音乐、美术等领域诞生了许多经典的作品。

在漫漫的历史长河中，在犹如浩瀚宇宙的艺术世界里，有太多响亮的名字，他们是那个时代不可多得的天才，超越常人的思维与才华让他们在各自的领域闪耀着璀璨的光芒。19世纪，在艺术史上是一个繁星闪耀的时代。

在西方音乐史上，19世纪是一个空前繁荣的时期。"乐圣"贝多芬是时代的造就者，他承前启后连接了古典主义和浪漫主义两个辉煌的时期。浪漫主义时期的音乐家们继承了他的音乐精神，将西方古典音乐推向了前所未有的高峰，无数个璀璨夺目的名字闪耀在古典音乐的浩瀚星河中：舒伯特、帕格尼尼、门德尔松、肖邦、舒曼、李斯特、威尔第、瓦格纳、勃拉姆斯、柏辽兹、约翰·施特劳斯、比才、格林卡、柴可夫斯基、德沃夏克、德彪西、拉威尔、萨蒂、西贝柳斯、马勒、拉赫玛尼诺夫等。19世纪的浪漫主义音乐世界，如此丰富多彩。他们给世人留下了太多殿堂级的经典作品，留下了太多音乐宝藏，他们书写了西方古典音乐的宏伟诗篇。

19 世纪，是属于他们的辉煌时代。

　　浪漫主义时期的每一位音乐家，都有着属于他自己的传奇人生。"音乐浪子"帕格尼尼，拥有无与伦比的音乐才华和高超的琴艺，24 首随想曲可谓是小提琴作品里经典中的经典。"钢琴诗人"肖邦，绝对是浪漫主义时期的音乐巨星，他流传于后世的 200 多部钢琴作品，部部动听并且极具诗意情怀。和肖邦同时期的"钢琴之王"李斯特，他的作品几乎是所有钢琴家的试金石，若要考验一位钢琴家的演奏技巧，李斯特的作品是必弹曲目。印象主义音乐的代表人物德彪西，独辟蹊径，特立独行，开创了继浪漫主义音乐之后的新流派，并在音乐史上独树一帜，风格鲜明。19 世纪，是一个盛产音乐家的时代。

　　19 世纪亦是绘画史上流派最多的时期之一，巴比松画派、印象派、新古典主义、浪漫主义、现实主义以及拉斐尔前派等诸多艺术流派百花齐放、影响深远。透纳、弗里德里希、德拉克洛瓦、米勒、库尔贝、马奈、莫奈、雷诺阿、德加、西斯莱、毕沙罗，还有著名的"后印象主义"三剑客——塞尚、高更和梵高，无数响亮的名字装点了色彩斑斓的 19 世纪美术界，他们留下了太多让人惊叹的艺术作品。这些作品遍布世界各大知名博物馆和美术馆，人们从世界各地不远万里前来观摩，只为一睹美术家们的真迹。他们的作品是美术界的无价之宝，是这个星球上不可多得的艺术珍品。

　　《云海中的旅行者》是我非常喜欢的浪漫主义画作之一，我最早是在一张古典音乐的唱片封面上看到这幅画的，我在这幅画作里甚至感受到了一种中国山水画的意境。

《雨、蒸汽和速度——西部大铁路》 作者：威廉·透纳　创作年份：1844年

《云海中的旅行者》

作者：弗里德里希

19 世纪的文学界也是名家云集。浪漫主义、现实主义、自然主义、象征主义等各具风格和特点，各有千秋。19 世纪绝对是世界文学史上一个无可取代的经典时期。霍夫曼、海涅、拜伦、雪莱、维克多·雨果、乔治·桑、大仲马、普希金、莱蒙托夫、裴多菲、司汤达、巴尔扎克、福楼拜、莫泊桑、狄更斯、夏洛蒂·勃朗特、安徒生、易卜生、果戈理、契诃夫、列夫·托尔斯泰等闪亮的名字，像恒星一样，永远闪耀在世界文坛。他们的作品深远地影响了后世的作家们，很多作品被改编成了戏剧、歌剧、舞剧、影视剧。可以说，19 世纪的西方文坛书写了那个时代的故事，但它同时超越了时代。19 世纪绝对是西方文学史上的一个传奇时代。

"乘着这歌声的翅膀，爱人请随我前往。

去到那恒河的边上，世间最美的地方。

……

紫罗兰微笑地轻语，仰望着那漫天星辰。

玫瑰花悄悄地倾诉，她芬芳的童话。

……

我要和你平躺在，椰林的树荫下面。

品尝着爱情的宁静，坠入这神圣的梦……"

——海涅 《乘着歌声的翅膀》

这首《乘着歌声的翅膀》，是 19 世纪著名的浪漫主义诗人海涅的诗歌作品，后来19世纪的浪漫主义音乐家门德尔松将这首诗歌谱写成曲，成为音乐史上一首广泛流传的经典歌曲。全曲清新舒缓、温暖动听，柔美的旋律在纯净的钢琴和弦的伴奏下，表现出极具诗情画意的浪漫主义情怀。据记载，海涅曾有3000多首诗歌被作曲家谱写成音乐作品。在19世纪，文学、音乐和美术都是相通的，艺术家们都会跨越其自身的领域寻求创作灵感。

繁星闪耀的19世纪，是属于浪漫主义的时代，是一个肯定自我、追求自由的时代。19世纪艺术家们的作品，描绘了人类敏感而又丰富的情感世界，表现出了属于那个时代的人文精神。

本书的第四乐章，将带领读者们继续这场欧洲艺术深度游，坐上时光机，回到那个浪漫的时代，一起去探寻19世纪艺术界的传奇人物和传奇故事，一起走进经典、聆听经典。

02 浪漫主义早期的音乐家们

19世纪，西方音乐史进入浪漫主义时期。和之前相比，这个时期的音乐家们在创作理念上更加注重主观情感的表达，在创作方式上也更加具有想象力。

浪漫主义音乐家继承了古典主义作曲家的传统，并在此基础上进行了新的探索。浪漫主义时期的音乐，更加注重与诗歌、戏剧、绘画等其他艺术形式的结合；更加注重标题音乐的创作；作品常常带有自传的色彩并且富于幻想性；描写大自然的作品很多。在这一时期，乐谱记谱法及印刷出版行业比之前更为成熟，乐器制造领域也得到了快速的发展，技术的进步推动了艺术的革新。浪漫主义时期诞生了很多新的音乐体裁，如即兴曲、夜曲、练习曲、叙事曲、幻想曲、前奏曲、无词曲、圆舞曲等。

和声是表现浪漫主义色彩的重要方式，不协和音的扩大和自由使用，七和弦、九和弦、半音和转调在乐曲里的经常出现，增强了音乐的色彩感。浪漫主义音乐发展到后期，出现了一个新的音乐流派——印象派。以德彪西和拉威尔为代表的印象派音乐，用颠覆性的音乐理念开启了全新的创作方式。19世纪至20世纪初的音乐界，是如此丰富多彩。

《老城堡剧院的音乐厅》 作者：古斯塔夫·克里姆特 创作年份：1888—1889

上面这幅画，反映了欧洲19世纪的音乐生活。

（1）浪漫主义时期的代表音乐家

浪漫主义早期的代表音乐家有：帕格尼尼、韦伯、罗西尼、舒伯特、柏辽兹、舒曼、李斯特、肖邦、门德尔松。

浪漫主义中期的代表音乐家有：老约翰·施特劳斯、小约翰·施特劳斯、理查德·瓦格纳、普契尼、布鲁克纳、古诺、圣－桑、威尔第、德沃夏克、比才、奥芬巴赫、格林卡、勃拉姆斯。

浪漫主义后期和晚期的代表音乐家有：格里格、马斯涅、理查德·施特劳斯、柴可夫斯基、里姆斯基－科萨科夫、埃尔加、西贝柳斯、鲍罗丁、莫什科夫斯基、拉赫玛尼诺夫、马勒、普罗科菲耶夫。

（2）舒伯特

弗朗茨·舒伯特（1797—1828），奥地利作曲家，浪漫主义音乐早期的代表人物。他在短暂的人生中，创作了很多经典的艺术歌曲，又被称为"艺术歌曲之王"。

音乐家舒伯特

聆听音乐：舒伯特《小夜曲》

如果要用一首曲子来代表舒伯特，《小夜曲》是非常合适的，这是他众多音乐作品中的代表作，很鲜明地表现了他的创作风格。《小夜曲》是舒伯特短暂的一生中最后完成的独唱艺术歌曲之一，也是舒伯特最著名的作品之一。此曲是根据德国诗人莱尔斯塔勃的诗篇谱写而成的。

舒伯特故居的钢琴

舒伯特是一位富有创作才华的音乐家，据说他在短短30余年的生命中，创作了1000多部作品，包括600多首歌曲、18部歌剧、19首弦乐四重奏、22首钢琴奏鸣曲等。他的很多作品都来源于欧洲著名诗人的诗歌，如歌德、席勒、海涅等，他的作品把音乐和诗歌紧密地结合在了一起。他曾经跟随萨列里学习作曲，贝多芬是他的忘年交。他的作品中，有热爱大自然的《致春天》，有抒情唯美的《冬之旅》，有典雅动听的《钢琴即兴曲集》，有赞美艺术和爱情的《致音乐》，还有温暖虔诚的《圣母颂》，著名的《未完成交响曲》也是他的作品。他的人生虽然短暂，但是他留下了很多经典之作。

　　舒伯特生活在古典主义和浪漫主义交接的时期，钢琴家李斯特称他为"前所未有的，最富诗意的音乐家"。

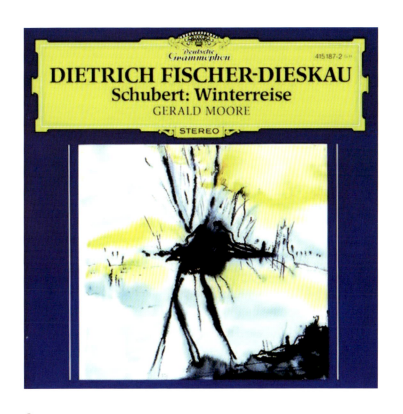

德意志唱片公司出品的舒伯特《冬之旅》唱片封面

5 部必听的舒伯特音乐作品：

艺术歌曲集《冬之旅》

艺术歌曲《小夜曲》

《d 小调第 14 号弦乐四重奏（死神与少女）》

《钢琴即兴曲集》

钢琴作品《音乐瞬间》

（3）柏辽兹

艾克托尔·路易·柏辽兹（1803—1869），法国浪漫主义音乐

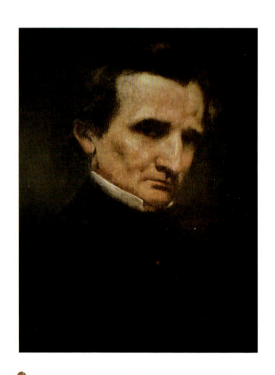

《柏辽兹画像》 作者：古斯塔夫·库尔贝

家，标题音乐的代表人物，代表作为《幻想交响曲》。

聆听音乐：柏辽兹《幻想交响曲》

此刻我们听到的这首《幻想交响曲》，创作于1830年，是一部将音乐与文学和戏剧紧密结合的作品。这部交响曲的副标题为"一个艺术家生涯中的插曲"，以自传形式描述了柏辽兹对于史密森小姐的爱情。这是一部极具文学色彩的音乐作品，聆听这首音乐，就像是在看一部戏剧，读一本小说。这部作品有5个乐章，每一个乐章都有文字性的描述，这样有助于听众听懂柏辽兹的音乐故事。

在那个时代，浪漫主义风潮席卷了法国的文学界、美术界和音乐界，文学界有浪漫主义文学家维克多·雨果，美术界有浪漫主义美术家德拉克洛瓦，而音乐界则有柏辽兹，他们并称为"法国浪漫主义艺术三杰"。柏辽兹不仅创作了很多音乐作品，还写了多部书籍，如《配器法与管弦乐队研究》（1842年出版）、《音乐的怪诞》（1859出版）、《柏辽兹回忆录》（1870年出版）等。

柏辽兹的自传《柏辽兹回忆录》，是一部很有代表性的文学作品。柏辽兹天生对文字就有着很高的敏感度，他属于那个音乐与文学紧密结合的时代。在这本回忆录中，柏辽兹回忆了自己的艺术历程，将他所处的19世纪浪漫主义时期的那些故事用文字记录了下来，其中也描述了他的爱情经历。另外，柏辽兹在书中讲述了他与许多文艺界艺术家朋友们的交往经历，以及他在欧洲各地的旅行见闻，他的这本回忆录堪称一个时代的缩影。

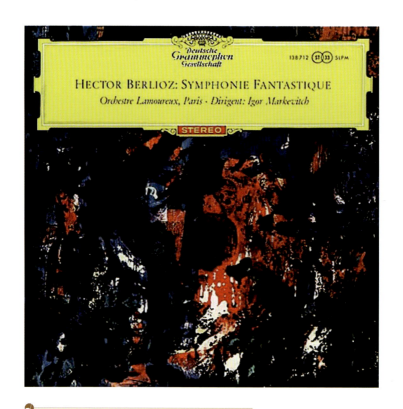

德意志唱片公司出品的柏辽兹《幻想交响曲》
唱片封面（伊戈尔·马尔克维奇指挥版本）

5 部必听的柏辽兹音乐作品：

管弦乐《幻想交响曲》

管弦乐《罗密欧与朱丽叶》

歌剧《浮士德的惩罚》

歌剧《特洛伊人》

声乐作品《安魂曲》

（4）舒曼

罗伯特·舒曼（1810—1856），19世纪德国浪漫主义作曲家、音乐评论家，曾创作多部音乐作品，他与克拉拉的恋情也是音乐史上的一段佳话。

聆听音乐：舒曼钢琴套曲《童年情景》

舒曼一生中创作了很多钢琴音乐作品，每一个学习钢琴演奏的人应该都很熟悉他的作品。《童年情景》是他的代表作之一，这是一首清新、动听的钢琴小品，想必很多人都演奏过这首曲子。

音乐家舒曼的肖像画

舒曼年轻时就去了莱比锡，莱比锡是德国音乐文化的中心，这里聚集着许多优秀的艺术家，各种艺术活动都非常频繁。具有强烈艺术家气质的舒曼，一到莱比锡就被这里活跃的艺术气息所吸引。他放弃学习法律，改学音乐，并走出了一条属于自己的音乐道路。

后来舒曼遇见了老师的女儿克拉拉，并对她一往情深，他们的恋情经历了许多波折，但最终他们还是走到了一起。舒曼为克拉拉创作了很多动听的音乐作品，克拉拉也是当时一位著名的钢琴家，舒曼的很多作品都是由克拉拉首先演奏的。

舒曼不仅创作了很多音乐作品，1834年，他还创办了音乐评论刊物《新音乐杂志》并任主编，以媒体人、出版人的身份活跃在艺术圈。舒曼是19世纪德国浪漫主义音乐的代表人物之一，这个时期流行的唯心主义哲学、浪漫主义文学以及浪漫主义音乐塑造了他的作品风格，他的音乐对后世的音乐家产生了深刻而长远的影响。

5部必听的舒曼音乐作品：

钢琴套曲《童年情景》

钢琴套曲《维也纳狂欢节》

钢琴套曲《蝴蝶》

《a小调钢琴协奏曲》

《降E大调第3号交响曲（莱茵）》

DIGITALLY
REMASTERED

舒曼钢琴音乐作品专辑唱片封面（威廉·肯普夫钢琴演奏版本）

（5）门德尔松

门德尔松（1809—1847），德国犹太裔作曲家、德国浪漫主义音乐最具代表性的人物之一，他的作品以精美、优雅、华丽著称。门德尔松是音乐家中的"富二代"。

聆听音乐：门德尔松钢琴曲《春之歌》

钢琴曲《春之歌》是门德尔松的代表作，选自《无词歌》钢琴曲集，"无词歌"是门德尔松首创的一种小型器乐体裁。这首《春之歌》拥有流水般轻柔的浪漫旋律，其动听的旋律描绘出一幅美丽的

音乐家门德尔松

春日图景，使听众沉醉于轻松愉悦的气氛中。

不会作曲的"富二代"不是一个好画家。

门德尔松身上有很多"标签"，如"富二代"、音乐家、指挥家、音乐学院院长，甚至是画家，可见他是一个多才多艺的人。

他出生在一个富裕的家庭中，他的父亲是一位成功的银行家，母亲是一位钢琴家。他自幼就显露了出色的音乐天赋，9岁开始公开演奏。14岁那年，他的父亲送给他一支管弦乐队。17岁那年，他创作了著名的《仲夏夜之梦》序曲。

门德尔松发现并推广了巴赫的音乐，20岁时，他指挥了乐团演奏巴赫的《马太受难曲》，这是在巴赫去世后，他首次以公开演出来宣传巴赫的作品。后来他在欧洲各个国家旅行，结识了很多同时代的艺术家。在苏格兰度假后，他创作了《a小调第三交响曲（苏格兰）》；在意大利，他与柏辽兹偶遇，酝酿了《A大调第四交响曲（意大利）》的创作；后来他到了巴黎，结识了李斯特和肖邦；1842年，他与舒曼等人一起创办了现在的莱比锡音乐与戏剧学院，并担任音乐学院院长。他的人生很顺利，但是也很短暂，他在38岁那一年离世。他在短暂的一生中创作了很多优秀的音乐作品，他与同时代的很多艺术名家都有交集，他的生活是19世纪的时代缩影，他与肖邦、李斯特、舒曼、柏辽兹等很多同时代的音乐家一起，建立了一个属于他们那个时代的音乐王国。

门德尔松在绘画方面也非常有天赋，他喜欢旅行，并且在旅行中创作了很多美丽的风景画。素描和油画是他最大的喜好，在门德尔松青年时期写的信件中，总是画满了素描，生动地描绘了身边的自然风景、建筑和人物。瓦格纳曾经把门德尔松称为"风景画家式的作曲家"。

5首必听的门德尔松音乐作品：

《仲夏夜之梦》序曲

钢琴曲集《无词歌》

《a小调第三交响曲（苏格兰）》

《A大调第四交响曲（意大利）》

《e小调小提琴协奏曲》

门德尔松所绘的风景画1

门德尔松所绘的风景画2

门德尔松所绘的风景画3

门德尔松的音乐手稿

帕格尼尼创作的小提琴音乐作品，很多都被看作难以逾越的高峰，无数小提琴演奏家，都以挑战他的作品这一方式来表现自己高超的演奏技巧。帕格尼尼的作品是出了名的难度高，大量的小提琴独奏作品及练习曲对演奏者的乐感有着非常高的要求，演奏者必须要有一双对音调和音色极其敏感的耳朵以及灵巧的手，才能精准地把控这些作品。

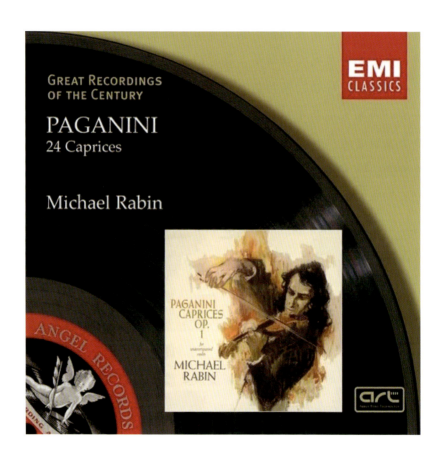

《帕格尼尼24首小提琴随想曲》唱片封面（迈克尔·雷宾演奏版本）

帕格尼尼在幼年就充分显露出了自己卓越的音乐才华，他曾跟随多位小提琴名家学习，不论什么曲子，他都能立刻轻松地演奏出来。他还同时学习作曲，8 岁就会写小提琴奏鸣曲。12 岁，他在热那亚举行公开演奏会，获得了极大的成功。他 13 岁开始旅行演出，游历了欧洲的很多国家。在他 16 岁那年，他开始变得有些颓废。就在帕格尼尼穷困潦倒、走投无路的时候，一位善良的贵妇，像天使一样降临到他的身边。据记载，1801—1805 年，帕格尼尼从公众的视野中消失，与一位来自佛罗伦萨的有钱贵妇坠入了爱河。1807 年，帕格尼尼创作了一首充满柔情的二重奏作品，这部音乐作品的标题是"致荻达女士"。是的，这位贵妇叫荻达，她是帕格尼尼背后的情人。她曾将帕格尼尼接到自己的一个乡村别墅，给予帕格尼尼精心的照料：生活上的陪伴，心灵上的关爱与抚慰，还有音乐上的指导与辅助。荻达教会了帕格尼尼吉他的演奏指法，共同生活的这段时间，帕格尼尼创作了大量吉他与小提琴结合的音乐作品。1825 年后，帕格尼尼的足迹遍及奥地利、德国、法国和英国，他在代表作《24 首随想曲》中展现出了自己高超的琴艺与作曲技巧。

帕格尼尼最擅长即兴演奏。为了炫耀技巧，他经常故意弄断小提琴上的一两根弦，然后在剩下的琴弦上继续演奏。他吸引了无数乐迷，所到之处都有很多狂热的乐迷为他倾心。在音乐界，他也拥有很多崇拜者，李斯特、舒曼、勃拉姆斯、拉赫玛尼诺夫等人都曾改编过他的音乐作品。据说，帕格尼尼为了隐藏自己独创的演奏技巧，不肯将自己的作品出版，直到他去世 10 年后，人们才将他的作品编辑出版。

《帕格尼尼小提琴与吉他作品》唱片封面

　　2013 年的一部电影非常形象地描绘了帕格尼尼的音乐人生。这部电影的名字叫作《魔鬼小提琴家帕格尼尼》，帕格尼尼由青年小提琴演奏家大卫·葛瑞特扮演。大卫·葛瑞特是一位德美混血的音乐神童，他在青少年时期就显露出了卓越的音乐才华，梅纽因在世时，曾夸赞他的琴艺"非比寻常的精彩"，英国广播公司也赞美他"已经是个传奇"。《魔鬼小提琴家帕格尼尼》是一部非常精彩的音乐电影，它将帕格尼尼的很多经典音乐作品，用电影的方式完美地呈现了出来。

下面推荐帕格尼尼的经典音乐作品。

①《b小调第二小提琴协奏曲（钟）》

帕格尼尼《b小调第二小提琴协奏曲》的第三乐章极为著名，由于该乐章的小提琴独奏3次模仿钟声的音效，于是将标题定为"钟"。李斯特的钢琴练习曲《钟》就是根据该主题创作的。这段音乐运用了变奏手法，声音明亮且富有色彩，将幻想的钟声晶莹闪烁的感觉用音乐的方式完美地呈现了出来。在近代和当代，很多小提琴家都曾演绎过此曲，这里推荐小提琴家梅纽因在1950年演奏的版本。这个版本非常经典，在网上可以找到相关的作品录音。

②弦乐作品《无穷动》

帕格尼尼创作的《无穷动》原为小提琴与乐队作品，后常用钢琴伴奏，并改编为长笛、大提琴等乐器的独奏曲以及三重奏、管弦乐合奏等各种版本。这是一首非常棒的快速跳弓练习曲，乐曲快速的旋律流畅而奔放，特别像肖邦的钢琴练习曲，犹如翻腾着浪花的激流，需要高超的技巧，演奏难度极大，是顶级小提琴演奏家才能驾驭的经典之作。这里推荐"小提琴之神"海菲茨17岁时的演奏版本，他精准而快速的演奏，是对这部作品的完美诠释。

③《摩西主题变奏曲》

1816年，34岁的帕格尼尼与24岁的歌剧作家罗西尼在罗马邂逅并且一见如故，后来帕格尼尼根据罗西尼的歌剧《摩西在埃及》创作出了《摩西主题变奏曲》。这首作品在 G 弦上演奏，音乐欢快的流动感令人振奋，旋律华丽而典雅。这里推荐小提琴家、"帕格尼尼专家"阿卡尔多的演绎版本，他的琴音有一种特别的、人声的质感。听他的演奏，犹如听小提琴歌唱，他的演绎让音乐变得非常有画面感。

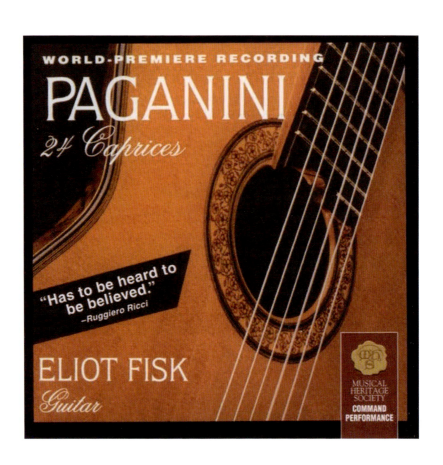

《帕格尼尼24首随想曲》吉他演奏版唱片封面（艾利奥特·菲斯克演奏版本）

10 部必听的帕格尼尼音乐作品：

《b 小调第二小提琴协奏曲》

《威尼斯狂欢节》

《24 首随想曲》

《小提琴与吉他二重奏》

《摩西主题变奏曲》

《D 大调如歌的旋律》

《无穷动》

《D 大调第一小提琴协奏曲》

《上帝保佑国王主题变奏曲》

吉他与乐队协奏曲《浪漫曲》

钢琴双杰：钢琴诗人与钢琴之王

"他就像一个天使，而且还远不只这些，他拨动了充满英雄气质的琴弦，它产生的共鸣只有在他的波洛奈兹舞曲中才能让人见到其辉煌、热情和全新的力量。"——李斯特评价肖邦

"如果没有听过李斯特弹钢琴，那就等于没有听过真正的钢琴演奏。"——勃拉姆斯评价李斯特

钢琴家肖邦

（1）音乐人物：肖邦

弗里德里克·弗朗索瓦·肖邦(1810—1849),19世纪波兰作曲家、钢琴家。

肖邦是历史上最具影响力和最受欢迎的钢琴作曲家之一，是欧洲19世纪浪漫主义音乐的代表人物。他的作品以波兰民间歌舞音乐为基础，以钢琴曲为主。肖邦的音乐浪漫动听又极具诗意情怀，他被誉为"浪漫主义钢琴诗人"。

（2）音乐人物：李斯特

弗朗茨·李斯特（1811—1886）出生于匈牙利，是著名的作曲家、钢琴家、指挥家，是浪漫主义早期最杰出的代表人物之一。李斯特将钢琴的技巧发展到了无与伦比的程度，极大地丰富了钢琴的表现力，在钢琴上创造了管弦乐的效果，被誉为"钢琴之王"。

（3）聆听音乐：肖邦《降b小调夜曲》、李斯特《爱之梦》

也许是因为我从小弹钢琴，所以我对肖邦和李斯特的音乐作品有一种莫名的亲切感，我曾经多次在自己的音乐会上演奏他们的曲目，也改编了很多他们的钢琴音乐作品。记得2016年，在上海的一次音乐会上，我将肖邦的几首夜曲改编成了爵士版，当时是瞬间的灵感、即兴的演奏，音乐会结束以后，我马上把这些即兴演奏的曲目在乐谱上记录了下来。肖邦和李斯特这两位浪漫主义时期的伟大钢琴家，给予了我无限的音乐灵感，他们的很多作品都是我经常聆听和演奏的。这一节把这两个音乐家放在一起，是因为他们两人之间，有着太多的交集。肖邦出生于1810年3月1日，李斯特出

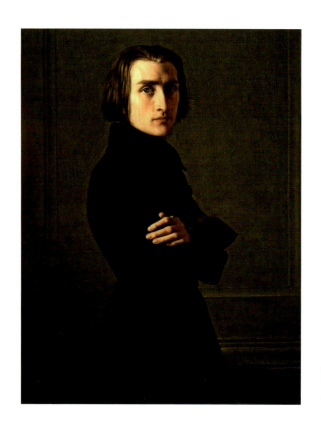

钢琴家李斯特

生于 1811 年 10 月 22 日，两人处在相同的时代背景中，从某种意义上说，他们影响了一个时代，他们是钢琴音乐世界中极具代表性的两位人物。

谈到浪漫主义音乐的钢琴双杰，肖邦被誉为"钢琴诗人"，李斯特被誉为"钢琴之王"，从名字上，我们可以看出两个人在音乐风格上的不同。肖邦的音乐作品感性、唯美、具有诗意情怀，他用钢琴写诗，让每个音符都歌唱了起来。在他的音乐中，精致的装饰音、轻盈的过渡句，魔术般地打造出了一部部美妙动听的作品。他的曲子让人上瘾，很容易让听众陶醉在他营造的音乐时

在之前的多场音乐会上，我会演奏一些改编版的曲目，尤其是肖邦的钢琴作品

空之中。而李斯特的钢琴曲，音域更加宽广，音乐风格有雷霆万钧之势，他将钢琴的演奏技巧发挥到了极致，他开发了很多新颖的钢琴演奏技法，影响了很多音乐家。他的作品华丽典雅、美妙动听，一架钢琴在他的指尖下演奏出了交响乐般的恢宏效果。

　　肖邦和李斯特都是即兴演奏的高手，也非常擅长改编音乐。肖邦的很多经典作品，都来自他在即兴演奏中找到的创作灵感，如那首著名的《幻想即兴曲》。李斯特曾经将很多著名音乐家的经典作品改编成了钢琴版，如贝多芬的知名的交响乐作品，都被李斯特改编成了钢琴版。李斯特的《升 g 小调帕格尼尼主题大练习曲（钟）》就是改编自小提琴家帕格尼尼的经典名作。

　　肖邦和李斯特有很多共同的好友，他们两人也有很多故事流传下来。肖邦与李斯特交往甚密，经常一同出入法国社交圈。据说肖

匈牙利布达佩斯，李斯特博物馆的钢琴

邦从波兰初到法国巴黎时，经济十分困难。当时的肖邦名不见经传，而匈牙利钢琴家李斯特则享誉巴黎。一个晚上，李斯特举办音乐会，大厅里挤满了慕名而来的听众。按照当时音乐会的习惯，演奏过程中要将灯火全熄灭，这样才能让听众在黑暗中全神贯注地欣赏音乐家的演奏。这一天的钢琴曲，演奏得那样浪漫动听、诗意唯美。当听众们如痴如醉，沉浸在音乐中，认为李斯特的演奏又进入了一个新的境界时，演奏突然结束，灯火点亮，在听众的喝彩声中，站在钢琴旁答谢的，却是一位陌生的青年。原来是李斯特在灯火熄灭的时候，悄悄地把肖邦换了上来。他就用这样的方式，把肖邦介绍给了巴黎听众，于是肖邦在巴黎一夜成名，开启了他全新的音乐生涯。

波兰华沙，肖邦博物馆的
钢琴

　　李斯特与肖邦两人都有着丰富的感情经历，钢琴家的身份，让两人都很容易受到女性的青睐，并且收获无数粉丝。肖邦与乔治·桑的恋情已经广为人知，后来还被拍成了很多不同版本的电影。乔治·桑比肖邦大 6 岁，他们相识以后共同生活了 9 年，在这期间，乔治·桑为肖邦精心安排了一场场音乐会，帮助肖邦名扬巴黎。她也曾带肖邦去自己位于地中海海岛中的别墅度假。肖邦很多经典的音乐作品就是在与乔治·桑相恋的几年中创作出来的，是爱情给予了肖邦源源不断的创作灵感。

　　李斯特的风流韵事更是丰富多彩，在李斯特丰富的情感经历中，有两位重要的女性，她们都是贵族兼美女作家。第一位女性叫玛丽·达古尔，是一位公爵夫人，也是巴黎社交界的名人，她美丽聪明，和乔治·桑是好朋友。她仰慕李斯特的音乐才华，并且对他一见钟情，

肖邦的恋人乔治·桑

李斯特的恋人卡罗琳

在结识了李斯特之后，她放弃一切跟随李斯特去了瑞士。那一年李斯特 23 岁，她 28 岁，他们一起去欧洲旅行，在很多美丽的地方度假。李斯特那部著名的《旅行岁月》钢琴曲集就是在他们私奔旅行的过程中创作的，只可惜他们共同生活了 10 年就分手了。第二位女性是卡罗琳·维特根斯坦公爵夫人，她是波兰贵族后裔，16 岁时嫁到了俄国，人称卡罗琳公主。在和李斯特相识的时候，她 28 岁，李斯特 36 岁，李斯特的音乐会演出，她几乎每场必到，是李斯特最狂热的崇拜者。她为了和李斯特共同生活，不惜放弃了荣华富贵的生活，但无论怎样努力都不能让教会认可他们的婚姻。她对李斯特的爱深沉而持久，在她的影响下，李斯特放弃了频繁的巡回演出，转入他一生中更为重要的创作生涯，李斯特那些别具意义的交响诗就是在那个时候开始尝试创作的。

李斯特是肖邦的代理人、合作者、亲密的朋友、旗鼓相当的对手，他最终还成为肖邦的第一个传记作者。李斯特著有一本讲述肖邦的音乐与生活的书籍，名叫《肖邦传》。这本书以钢琴家的角度分析了肖邦的音乐作品，是一本非常值得一看的专业音乐书籍。书中论述了肖邦的创作特色、演奏风格、个性和生平，为后来的研究者提供了一些重要资料。李斯特在刻画肖邦的艺术生涯的同时，实际上也充分表露了自身对艺术、生活、创作的态度。

10 部必听的肖邦音乐作品：

《肖邦 21 首夜曲集》

《肖邦 19 首圆舞曲集》

《E 大调练习曲（离别）》

《降 A 大调波兰舞曲（英雄）》

《升 c 小调幻想即兴曲》

《c 小调练习曲（革命）》

《g 小调第一叙事曲》

《e 小调第一钢琴协奏曲》

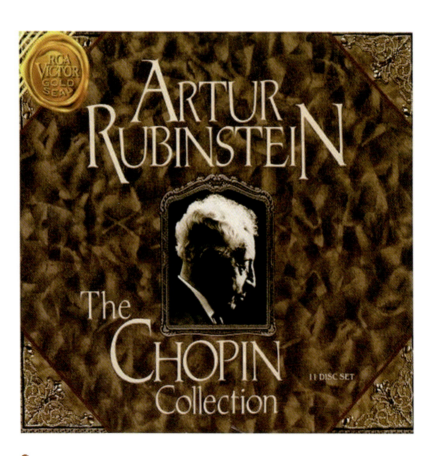

《肖邦钢琴作品合集》唱片封面（鲁宾斯坦钢琴演奏版本）

《肖邦 4 首谐谑曲集》

《g 小调大提琴和钢琴奏鸣曲》

10 部必听的李斯特音乐作品：

《升 g 小调帕格尼尼主题大练习曲（钟）》

《爱之梦》

《12 首超技练习曲》

《19 首匈牙利狂想曲》

《梅菲斯特圆舞曲》

钢琴曲集《旅行岁月》

《浮士德交响曲》

《但丁交响曲》

音乐会练习曲《叹息》

李斯特改编贝多芬九部交响曲钢琴版全集

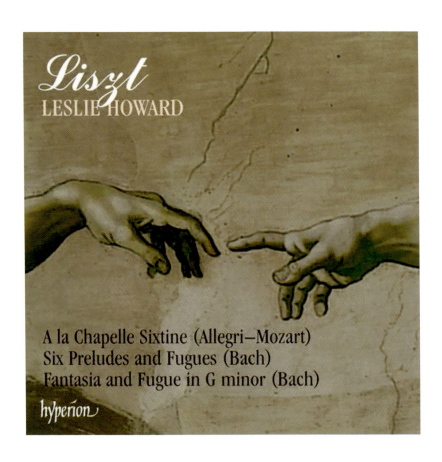

《李斯特钢琴音乐作品集》唱片封面（莱斯利·霍华德钢琴演奏版本），其中有李斯特改编自莫扎特、巴赫的作品

从肖邦到李斯特，从波兰到匈牙利

（1）听着肖邦的音乐，漫游波兰（旅行地点：波兰 华沙）

聆听音乐：肖邦《E 大调练习曲（离别）》

此刻我们听到的这首肖邦的《E 大调练习曲》，拥有非常优美的旋律以及诗歌般的意境，这是肖邦的钢琴曲代表作之一。据说，肖邦在 19 岁时，爱上了他在华沙音乐学院的女同学葛拉柯芙丝卡，她是一位亭亭玉立、有声乐天赋的姑娘，肖邦因为性格内敛、敏感，始终不敢向她倾诉爱意。就在肖邦决定离开波兰前往法国巴黎时，在葛拉柯芙丝卡的面前，他弹奏了这首缠绵动人的钢琴曲，向这位日夜思慕的美丽少女告别。这首钢琴曲犹如诗歌般美妙，它温柔动人的旋律令听者恋恋不舍，总想反复聆听。这首《E 大调练习曲》是钢琴情歌中的代表作，肖邦自己也曾说："像这样优美的旋律，以前我从没有写过，恐怕以后也不容易遇到。"

让我们听着这首钢琴曲，来到肖邦生活过的地方。肖邦一生中的大部分时光是在两个国家度过的，前半生在波兰，后半生在法国。肖邦是波兰人，要了解肖邦的音乐人生，波兰是必去的。

①肖邦博物馆

肖邦博物馆位于波兰华沙，是我非常喜欢的音乐博物馆之一。它

肖邦的音乐作品手稿

坐落于奥斯特洛夫斯基城堡内。据记载，奥斯特洛夫斯基公爵在17世纪晚期建造了一座巴洛克式的宫殿，几经变迁，直至1954年宫殿才恢复原貌，并被改造成了肖邦博物馆。博物馆共有3层，其中1层、2层作为博物馆对公众开放，第3层作为演奏厅用来举办音乐会。这是全世界最专业的音乐博物馆之一，无数旅行者来到这里探寻钢琴家肖邦的音乐故事。这里的收藏品超过500件，包括肖邦的音乐作品手稿、信件、与他有关的绘画和雕塑等。博物馆共有5个展厅，分不同主题介绍肖邦在华沙的生活、在法国的生活、在欧洲各地巡演的情况，以及肖邦和法国女作家乔治·桑的恋情，等等。这里有肖邦弹奏过的钢琴，置身于这个空间，听着肖邦创作的美妙的钢琴曲，仿佛穿越时空，回到了19世纪。

肖邦博物馆外景

② 肖邦公园

　　肖邦公园实际上叫瓦津基公园，因公园内有波兰著名钢琴家肖邦的青铜雕像，才被称为"肖邦公园"。它是波兰最美丽的公园之一，具有英国园林风格，整个公园拥有大片的森林和草地，一年四季都有独特而美丽的风景。这座公园原来属于波兰国王，公园里有建于湖中小岛的水宫、作为国宾馆的梅希莱维茨基宫、总统官邸贝尔维德雷宫。在肖邦公园里，每年5—9月的周日，都会举办露天钢琴音乐会。这座美丽的公园拥有肖邦在音乐中所描绘的意境，是去波兰旅行的必去之地。

③华沙老城

在波兰的华沙，最具特点的是华沙老城，尤其是城堡广场一带有很多美丽的建筑，置身其中，就像走进了画中的世界。很多有故事的建筑都在这附近：皇家城堡拥有巴洛克风格的装饰以及许多名画；著名的圣十字教堂里存放着肖邦的心脏；还有古老的圣约翰大教堂，也在城堡广场附近。美人鱼雕像就在广场里，登上广场的塔楼，可以看到非常美丽的景致。

华沙有很多值得一去的地方，波兰国王的夏宫——维拉努夫宫

波兰华沙的老城区，有一种老电影般的年代感

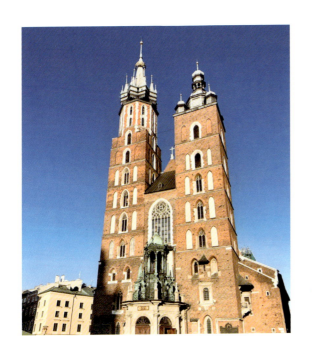

波兰华沙老城区的风景

位于华沙的郊外，它在建筑形式上与法国的凡尔赛宫、奥地利的美泉宫十分相似，是一座美丽的园林宫殿。华沙大学图书馆的屋顶花园是一个很有特点的地方，来到这里，仿佛进入了一个隐秘的森林世界，站在屋顶可以眺望维斯瓦河以及华沙的城市景观。在旅途中放慢脚步，你总会发现很多不一样的风景。

（2）匈牙利艺术之旅（旅行地点：匈牙利 布达佩斯）

聆听音乐：李斯特《匈牙利狂想曲第二首》

钢琴家李斯特诞生在匈牙利，但他大部分时间旅居国外，李斯特曾用10年时间几乎走遍了全欧洲进行演出。在当时的巴黎，他是最早举行独奏音乐会的"钢琴之王"。他被誉为"钢琴界的帕格尼尼"，令世人惊叹和崇拜。李斯特的音乐，深受匈牙利文化的影响，若要了解钢琴家李斯特的音乐人生，匈牙利是必去的地方。

《匈牙利狂想曲》是李斯特最具代表性的钢琴作品之一，也是其流行最广的作品，取材于匈牙利民间音乐。尤其是他的《匈牙利狂想曲第二首》，是很多人耳熟能详的音乐作品。让我们听着这首曲子，一起漫游李斯特的故乡。

布达佩斯是匈牙利的首都，被誉为多瑙河畔的明珠，它是我非常喜欢的欧洲城市之一。布达佩斯拥有绝美的城市风景，每当夜幕降临的时候，那种无以言表的极致美丽和浪漫情调，实在让人无法忘怀。美丽的多瑙河将原先的布达和佩斯连接起来，合并成为布达佩斯。

布达佩斯这座城市,让我想起一部电影——《布达佩斯之恋》。这部电影情节比较复杂，但是我印象最深刻的是美丽的女主角和钢琴师的恋爱情节，钢琴师为她创作的那首钢琴曲，至今令我难以忘怀。走进布达佩斯，就像走进一部电影中，这座城市有太多美丽的风景。

① 多瑙河畔

多瑙河畔是欣赏布达佩斯城市风景的绝佳地点，也是极好的摄影取景地。在多瑙河两岸，皇宫、链子桥、伊丽莎白桥、匈牙利国会大厦，还有城堡山上的典雅建筑，这一切组成了一幅色彩斑斓的风景画。置身其中，你会有一种梦幻般的感觉，这种景色非常令人心动。

布达佩斯城中美丽的多瑙河

②渔人城堡

　　渔人城堡坐落于布达佩斯的城堡山上，城堡全部由白色石块堆砌而成，这里充满了童话色彩。渔人城堡的附近是古老的马加什教堂，一侧是蓝色的多瑙河，站在城堡上，仿佛可以将整个布达佩斯拥入怀中。城堡上经常会有艺术家弹奏乐曲，听着音乐，望着美丽的多瑙河，这一刻仿佛置身于19世纪的欧洲爱情故事场景中。

渔人城堡外景

渔人城堡附近的马加什教堂

③布达王宫

布达王宫位于城堡山上，其历史最早可以追溯到公元13世纪。走在城堡的山路上，你会发现这里的街道、广场和房屋，都带有典型的中世纪风格。城堡山上有很多有故事的建筑，其中，布达王宫最具代表性。这座王宫是城堡山上的地标建筑之一，有着悠久的历史，见证了整座城市的变迁。如今，布达王宫的主体分别是布达佩斯历史博物馆、国家画廊和塞切尼国家图书馆。布达佩斯历史博物馆主要介绍布达佩斯的城市历史和中世纪布达王宫的历史。塞切尼

布达王宫外景

国家图书馆建于 1802 年，是匈牙利第一座国立图书馆。位于布达王宫正殿的国家画廊展出的是富有历史意义的匈牙利代表性美术作品，包括中世纪和文艺复兴时期的石雕与木雕等。布达王宫的穹顶外有观景平台，在这里可以看到如画般的风景，是绝佳的摄影地点。

④匈牙利国会大厦

位于多瑙河畔的匈牙利国会大厦建造于 19 世纪末，是一座宏伟的哥特式建筑，它是布达佩斯的地标之一，我们能在很多电影及旅行照片中看到它。匈牙利国会大厦内部金碧辉煌，据说建造时纯度为 22K 以上的黄金就用了 40 千克。匈牙利国会大厦是一部匈牙利历史的百科全书，也是欧洲建筑中的精品。夜晚，当这座建筑的灯光被全部点亮时，美丽的光影映衬在波光粼粼的多瑙河中，耳边的音乐伴着河畔的晚风，眼前的景象就像一场奇幻的梦境，等待着你去探寻。

布达佩斯有太多值得去的地方，如果有时间还可以去游览李斯特博物馆和李斯特音乐学院，二者都是音乐爱好者必去的地方。还有匈牙利国家歌剧院，它是欧洲著名的歌剧院之一。布达佩斯这座城市，充满了文艺气息，如果有一天你也来到了这里，你一定会像我一样深深地喜欢上它。

匈牙利国会大厦

匈牙利国会大厦

柴可夫斯基的音乐，童话俄罗斯

聆听音乐：柴可夫斯基《降 b 小调第一钢琴协奏曲》

（旅行地点：俄罗斯）

（1）音乐人物：柴可夫斯基

彼得·伊里奇·柴可夫斯基（1840—1893），19 世纪伟大的俄罗斯作曲家、音乐家，曾创作出很多音乐史上的经典之作，如《天鹅湖》《胡桃夹子》《1812 序曲》等，被誉为"俄罗斯音乐大师"和"旋律大师"。

柴可夫斯基是我非常喜欢的音乐家之一，他的那些经典的音乐作品，几乎每一部我都非常熟悉。记得在上大学的时候，我们在作曲课上经常分析柴可夫斯基的作品总谱，我曾经多次把柴可夫斯基的交响乐和舞剧音乐改编成钢琴版。我曾经用钢琴演奏过他的很多音乐作品，尤其是他的 3 部经典的舞剧《天鹅湖》《胡桃夹子》《睡美人》，这些都是我非常喜爱的作品。柴可夫斯基的钢琴套曲《四季》，深刻地影响了我的音乐创作。他的音乐，总是让我有一种亲切感。

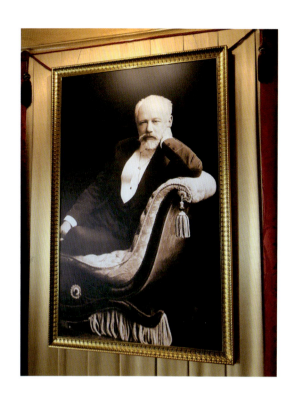

俄罗斯伟大的音乐家柴可夫斯基的照片，摄于柴可夫斯基故居

柴可夫斯基是当之无愧的旋律大师，因为他流传下来的那些作品真的是太经典了。在本节的开头，我推荐的音乐作品是柴可夫斯基的《降 b 小调第一钢琴协奏曲》，它被誉为"世界十大钢琴协奏曲"之一。这是一首非常具有画面感的音乐作品，每次听到这首钢琴协奏曲，我就会联想到俄罗斯那些如画般的美丽风景。钢琴协奏曲是古典音乐中一种常见的体裁，钢琴和乐队之间的协作贯穿整个作品，有时候钢琴单独演奏，有时候钢琴与乐队同时演绎，产生丰富的声音效果，耐人寻味。

柴可夫斯基在他 34 岁的时候创作了这首《降 b 小调第一钢琴协奏曲》，那时正是沙皇进行专制统治的时代，这部作品深刻地反映了当时的时代背景。柴可夫斯基借助音乐表达了个人的情感，用音乐的力量温暖了人们的心灵，这首动听的钢琴协奏曲表现出了他对生活的热爱以及对光明的渴望。接下来，让我们听着这部作品，走进柴可夫斯基的音乐世界。

柴可夫斯基自幼学习音乐，据说，在幼年时，他有一次弹完钢琴后一直在哭泣，然后大声嚷道："有音乐，有音乐！"但周围根本没有音乐响起。这个小故事说明音乐家们都有一种内心的

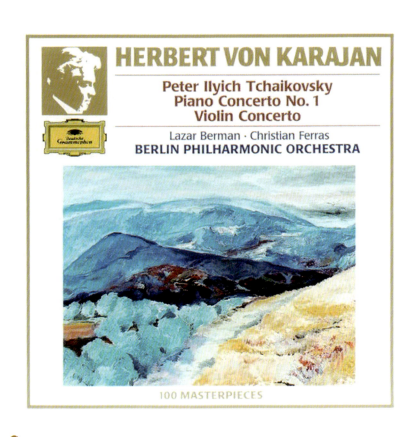

德意志唱片公司出品的《柴可夫斯基第一钢琴协奏曲和小提琴协奏曲》唱片封面（卡拉扬与柏林爱乐乐团版本）

柴可夫斯基的故居，位于莫斯科郊外的克林小镇

"听觉"，尤其是天生的作曲家，就算在安静的环境中，他们的脑海中也随时会有美妙的旋律响起。柴可夫斯基具备出众的音乐才华，这也许预示着，音乐将伴随着柴可夫斯基的一生。事实证明的确如此，他于1850年开始在圣彼得堡的皇家法律学院学习。1861年进入俄罗斯音乐协会音乐学习班（次年改建为圣彼得堡音乐学院）。1863年他献身音乐事业。后来他在莫斯科音乐学院任教，同时积极创作，得到了富孀梅克夫人的资助，多次去西欧各国及美国旅行、演出。梅克夫人在柴可夫斯基的人生中既扮演着赞助人的角色，又是柴可夫斯基的红颜知己，他们两人经常书信往来，彼此诉说心事，据说两人从未见面。

也许正是这种精神之爱，让柴可夫斯基与梅克夫人之间保持了一种长期互相吸引，而又不被世俗所侵蚀的感情。这也正如我们常说的，相见不如怀念。据说，梅克夫人曾给予了柴可夫斯基很大的经济支持，柴可夫斯基才不用去担心生活的压力，从而可以把更多的精力放在自己的音乐创作上。柴可夫斯基一生留下了很多经典的作品，其代表作有《f小调第四交响曲》《e小调第五交响曲》《b小调第六交响曲》，歌剧《叶甫盖尼·奥涅金》《黑桃皇后》，舞剧《天鹅湖》《睡美人》《胡桃夹子》，《降b小调第一钢琴协奏曲》《D大调小提琴协奏曲》《1812序曲》《意大利随想曲》，等等。

我曾经去过位于莫斯科郊外的柴可夫斯基故居，在他的别墅里有他弹过的钢琴，这架钢琴让我想起了他的钢琴套曲《四季》。柴可夫斯基的《四季》，是音乐史上著名的钢琴套曲。1875年，他

柴可夫斯基故居中的钢琴

应圣彼得堡出版家贝尔纳德之邀，创作了 12 首钢琴短曲，按每月一曲的方式在音乐杂志上发表，这些篇章与 12 个月的季节特点相关联，于是乐曲以《四季》为名。柴可夫斯基用音乐表现了四季之美，既有春的生机、夏的浓郁，又有秋的柔美，冬的纯净。这部套曲中，我最喜欢的是《六月——船歌》，美妙的旋律与动人的和声组成了一幅色彩明快的音乐画，像诗歌一样令人心醉。

柴可夫斯基的音乐充满诗意的童话色彩，他是浪漫主义时期最具代表性的音乐家之一，他的作品极具欣赏价值。若要用一个人来表现俄罗斯的音乐，这个人物非柴可夫斯基莫属。

10 部必听的柴可夫斯基音乐作品：

舞剧《天鹅湖》

舞剧《胡桃夹子》

舞剧《睡美人》

《降 b 小调第一钢琴协奏曲》

《b 小调第六交响曲（悲怆）》

《1812 序曲》

钢琴套曲《四季》

歌剧《叶甫盖尼·奥涅金》

《意大利随想曲》

《D 大调小提琴协奏曲》

TCHAIKOVSKY
Serenade for Strings
Souvenir de Florence

Vienna Chamber Orchestra
Philippe Entremont

| 1990 Recording | Playing Time : 65'05" |

拿索斯出品的《柴可夫斯基弦乐小夜曲和佛罗伦萨的回忆》唱片封面

　　让我们听着柴可夫斯基的音乐，漫游俄罗斯。俄罗斯是世界上面积最大的国家，它跨越了亚洲与欧洲，有着丰富的自然景观及独特的人文风情。俄罗斯在文学、音乐、美术和建筑等领域，都有很多值得去探寻的经典。接下来，我将带读者们开启这场俄罗斯艺术之旅。

俄罗斯有很多各具特点的城市，我推荐一下自己曾经走过的路线：伊尔库茨克—莫斯科—圣彼得堡。沿着这条路线旅行，你可以明显地感受到俄罗斯独特的风情。

（2）伊尔库茨克（贝加尔湖所在地）

那首著名的歌曲《贝加尔湖畔》，相信很多人都听过，它那优美的旋律令很多人都印象深刻。我们在这首歌曲里面，发现了一个美丽的地方——贝加尔湖。在我们听到这首歌曲之前，也许很多人都不知道贝加尔湖具体在哪里。其实贝加尔湖就在离我们 2000 千米左右的正北方。从北京坐飞机，大约 3 个小时就能到达这里。它是世界第一深湖、亚欧大陆最大的淡水湖，最深处为 1600 多米，面积为 3.15 万平方千米，因地层断裂陷落而成。贝加尔湖有"西伯利亚明珠"之称，一年四季都有独特的风景，这里春夏两季气候凉爽，秋天风景怡人，冬天可以看到蓝冰奇观。总之，一年四季来到这里，都会有不一样的发现。贝加尔湖位于俄罗斯的伊尔库茨克，周边有很多美丽的小镇，坐上贝加尔湖的环湖观景小火车，可以深度游览这个美丽的地方。这里的风景带给我很多灵感，我曾经写了一首钢琴曲作为贝加尔湖的旅行游记，如今多年过去了，这里的旅行记忆一直令我印象深刻。

（3）莫斯科

告别了伊尔库茨克，俄罗斯旅行的下一站就是莫斯科。莫斯科是一个独具风情的城市，我们在很多电影、书籍及音乐中都了解过莫斯科。这里的建筑很有特点，拥有众多人文风景，如果有一天你

美丽的贝加尔湖，湖水清澈透明，如此纯净

贝加尔湖的秋景

火车窗外，贝加尔湖的秋色

来到了这座城市，可以沿着我推荐的路线开启一场属于你自己的
艺术漫游。

①莫斯科大剧院

　　莫斯科有很多音乐演出机构，最著名的就是莫斯科大剧院。
莫斯科大剧院是莫斯科有名的芭蕾舞剧与歌剧院，也是"世界十
大歌剧院"之一。这座建筑最初建于 1776 年，是一座乳白色的
古典主义建筑，是世界芭蕾舞剧的殿堂级演出场馆。这里拥有闻
名世界的莫斯科大剧院芭蕾舞团，这一舞团代表了世界顶级芭蕾
舞的艺术水准。来到这里，看一场莫斯科大剧院芭蕾舞团版本的
《天鹅湖》，是一种绝佳的艺术享受。

圣瓦西里大教堂外景

莫斯科城内的教堂建筑

莫斯科大剧院华丽的包厢

②特列季亚科夫画廊

　　特列季亚科夫画廊是俄罗斯著名的艺术博物馆，坐落在莫斯科河畔。1856 年，莫斯科富商、艺术收藏家特列季亚科夫创建了这座画廊。画廊共分为 60 个展厅，一般按创作年代的先后排序，其中堪称瑰宝的是 19 世纪末和 20 世纪初俄国巡回展览画派的油画。这里是世界上收藏俄罗斯绘画作品最多的画廊，收藏了列宾、苏里科夫和列维坦等俄罗斯艺术大师的很多经典名作。来到莫斯科，这里是非常值得一去的艺术画廊。

特列季亚科夫画廊的藏品

特列季亚科夫画廊的藏品，
这幅画作中的大海，让人有
一种身临其境的感觉

③莫斯科柴可夫斯基音乐学院

莫斯科柴可夫斯基音乐学院创建于1866年，国内简称它为"柴院"，它是继圣彼得堡音乐学院之后俄罗斯第二个成立的音乐学院，原名为莫斯科音乐学院，是国际知名的音乐学府。该学院创建初期，柴可夫斯基曾在此任教。建校140多年以来，这里培养出了斯克里亚宾、拉赫曼尼诺夫等优秀的音乐家。学校共有3个音乐厅，大音乐厅可以容纳1800人，这里几乎每天都有演出，此外，世界著名的柴可夫斯基国际音乐比赛也在这里举行。来到莫斯科，你可以去这里感受一下俄罗斯的音乐文化。

莫斯科的建筑很有特点，拥有独属于自己的文化特色，体现出了莫斯科浓厚的艺术氛围和这个城市的优雅特质。这里的教堂建筑大部分都是拜占庭风格，和西欧的那些哥特式和巴洛克式建筑完全不一样。在红场一带就能看到很多俄式建筑，如克里姆林宫建筑群、圣瓦西里大教堂、国家历史博物馆等。在莫斯科市区，著名的艺术家公寓、莫斯科大学都是典型的俄式建筑。莫斯科郊外一带有很多名人故居，周边有列夫·托尔斯泰故居、柴可夫斯基故居等，都非常值得一去。总之，莫斯科这座充满文艺气息的城市，非常适合艺术爱好者们慢慢探寻，慢慢发现。

（4）圣彼得堡

告别了莫斯科，俄罗斯旅行的下一站，就应该去圣彼得堡了。来到圣彼得堡，你会发现这座城市和莫斯科有着完全不一样的气

2018年，我在莫斯科柴可夫斯基音乐学院

质。和莫斯科相比，圣彼得堡更具有欧洲城市的特征。因为在地图上可以看到，圣彼得堡就在波罗的海沿岸，靠近北欧的芬兰。圣彼得堡是一座文化名城，许多著名的诗人及作家，如普希金、莱蒙托夫、高尔基等都曾在此生活和从事创作。许多音乐家也在这座城市留下了经典的音乐作品。圣彼得堡是一座风景如画的城市，这里有太多美丽的建筑及宫殿、花园。其中国立艾尔米塔什博物馆（冬宫是它的一部分）、彼得宫（夏宫）、叶卡捷琳娜宫这3座宫殿最为著名。

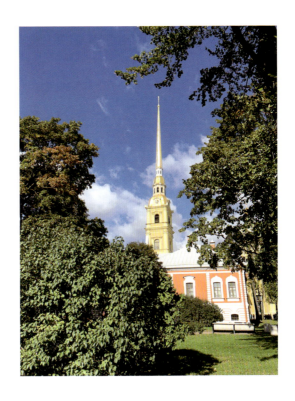

圣彼得堡的彼得保罗要塞

①艾尔米塔什博物馆

　　冬宫坐落在圣彼得堡的宫殿广场上，原为俄罗斯帝国沙皇的皇宫，十月革命后变为"艾尔米塔什博物馆"的一部分。艾尔米塔什博物馆是18世纪中叶俄罗斯新古典主义建筑的代表作，它与伦敦的大英博物馆、巴黎的卢浮宫、纽约的大都会艺术博物馆并称为"世界四大博物馆"，据说该馆最早是俄罗斯帝国女皇叶卡捷琳娜二世的私人博物馆。

　　艾尔米塔什博物馆的藏品极为浩瀚，据说要走完它的350间开放的展厅，看完所有展览，行程约为22千米。这里收藏了达·芬

艾尔米塔什博物馆华丽的
走廊

艾尔米塔什博物馆的天
顶画

奇、伦勃朗、鲁本斯、高更、毕加索、马蒂斯等各个时代艺术名家的经典佳作。这座建筑不仅是一个博物馆，也是一座具有俄式风格的金碧辉煌的华丽宫殿。这里的内部装饰极具特色，每一个展厅都充满了华丽的艺术气息。漫步在这座博物馆中，就仿佛回到了 19 世纪。

②叶卡捷琳娜宫

叶卡捷琳娜宫是叶卡捷琳娜二世女皇修建的，反映了叶卡捷琳娜二世的理想和品位。这个宫殿中有很多巴洛克式的建筑，宫殿建筑的色彩清新、柔和，处处体现着女性的柔美和风韵。这是一座充满自然气息的宫殿园林，虽说一年四季都有着绝美的风景，但我最喜欢的，还是这里的秋景。漫步在园林中，总能感受到俄罗斯音乐中的意境。园林中到处是诗，到处是画，无处不弥漫着花草的芬芳，这里是我非常喜欢的欧洲宫殿园林之一。这座园林面积很大，这童话般的美景值得慢慢体验，慢慢感受。

③马林斯基剧院

马林斯基剧院是位于俄罗斯圣彼得堡的一座历史悠久的歌剧院和芭蕾舞剧院。这座剧院最初建于 1783 年，是一座有故事的建筑。很多著名的音乐家，如威尔第、格林卡、柴可夫斯基、里姆斯基－科萨科夫等人的作品，都曾在这里首演。这里记录了俄罗斯音乐的发展历史，见证了很多音乐家的高光时刻。如今的马林斯基剧院分为新剧场和老剧场。马林斯基剧院芭蕾舞团是世界上非常著名的芭蕾舞演出团体，来到圣彼得堡，一定要来马林斯基剧院看一场纯正的俄罗斯芭蕾舞剧。

叶卡捷琳娜官的秋景

④普希金文学咖啡馆

　　普希金文学咖啡馆位于圣彼得堡的涅瓦大街，是俄罗斯著名诗人普希金生前经常光顾的一家咖啡馆。这里记载了很多故事，不仅普希金，果戈理、陀思妥耶夫斯基等作家也是这里的常客。据说，普希金在这里喝完了他的最后一杯咖啡就去找他的情敌决斗了。在这家咖啡馆二楼的一架三角钢琴旁边的墙上，挂着多幅圣彼得堡的风景画，在暖黄的灯光和烛光的映照下，呈现出一种优雅的氛围。如果你来到圣彼得堡，一定要去这家咖啡馆喝一杯咖啡，感受一下文学家们的文艺情怀和诗人的浪漫故事。

　　圣彼得堡是欧洲最美丽的城市之一，是波罗的海沿岸的一颗

圣彼得堡的普希金文学咖啡馆，这里是诗人普希金和同时代文学家们经常光顾的地方

明珠，吸引了无数游人的目光。每次来到圣彼得堡，我都会有不一样的发现。圣彼得堡是一座内容丰富、色彩斑斓的城市，如果时间充足，可以去周边的小镇感受一下纯正的俄罗斯田园风光；登顶圣伊萨基辅大教堂，可以看到圣彼得堡美丽的城市全景；去圣彼得堡爱乐音乐厅，可以欣赏圣彼得堡爱乐乐团带来的顶级古典音乐演出；也可以到百年糖果店，品尝俄罗斯最好吃的巧克力。圣彼得堡有太多精美典雅的建筑及丰富多彩的文化生活，如果有一天你来到了这座城市，可以去我推荐的这些地方漫游一番，你一定会在旅行中不经意间发现很多惊喜。

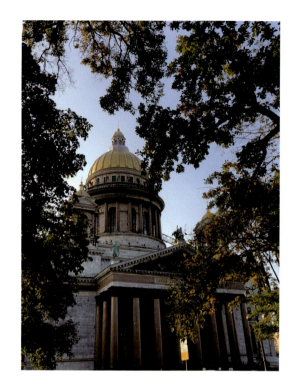

圣伊萨基辅大教堂外景

圣彼得堡郊外的美丽风景

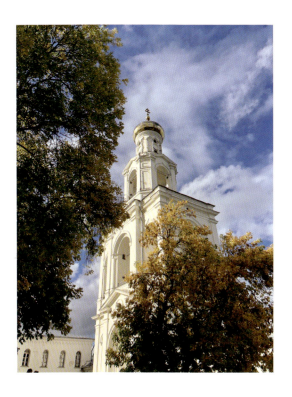

圣彼得堡郊外的美丽风景

07 印象主义美术与印象主义音乐中的法国

聆听音乐：德彪西《月光》

（旅行地点：法国 巴黎）

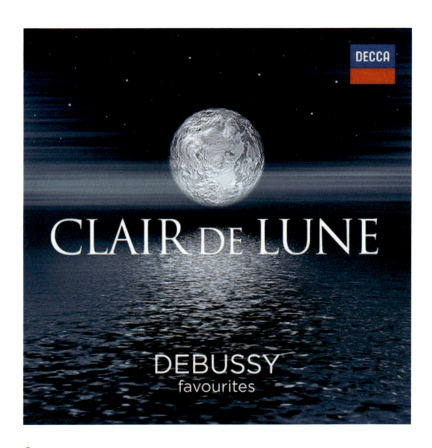

迪卡唱片公司出品的《德彪西作品精选集》唱片封面

在开启这场法国艺术之旅之前，我们首先要了解一下19世纪发源于法国的印象主义艺术风格。

印象主义诞生于法国，是19世纪末至20世纪初流行于欧洲的一种艺术流派，从广义上讲，它涵盖美术、音乐甚至文学等多个领域。印象主义反对陈旧及矫揉造作的艺术创作方式，勇于打破常规，将新的艺术创作理念运用到作品中。印象主义在美术领域和音乐领域都有着非常突出的成就。

（1）印象主义美术

印象主义美术即印象派绘画，是西方绘画史上的重要艺术流派，产生于19世纪60年代的法国。1874年莫奈创作的题为《日出·印象》的油画，遭到学院派的攻击，评论家们戏称这幅作品是"模糊的印象主义"，印象派由此得名。印象派的绘画主要描绘光影的改变以及对时间的印象，注重光线和色彩对画面的诠释。

19世纪英国的风景画家透纳的画中充满阳光和空气等元素，法国画家德拉克洛瓦也在自己的作品中用光影描绘画面。他们是"打开印象主义天窗"的画家，从某种意义上来说，他们推动了印象主义的诞生。印象主义最初的代表画家有莫奈、雷诺阿、毕沙罗等，是他们开启了印象主义的先河。印象主义的画家吸收了荷兰、英国、西班牙、日本、中国等国的绘画的精华，同时受到了现代科学，尤其是光学的启发。他们认为一切色彩皆产生于光，只有捕捉到瞬息之间光的照耀，才能准确揭示自然界的奥秘。印象派绘画的意境悠远，给人以无限的想象空间，同时也表现出一种美妙的诗意情怀，

《日出·印象》 作者：克劳德·莫奈 创作年份：1872年

在朦胧中诠释了一种神秘而缥缈的艺术美感。印象派的绘画作品犹如梦境中的画面，给人一种独特的视觉体验。

印象派绘画主要分为3个时期，早期印象派的代表人物有莫奈、雷诺阿、毕沙罗、德加、西斯莱等；新印象派时期的代表人物有修拉、西涅克等；后印象派时期的代表人物有梵高、塞尚、高更等。他们一起组成了西方绘画史上一个非常经典的时代。

印象派绘画作品《波维尔海边悬崖的散步》　作者：克劳德·莫奈

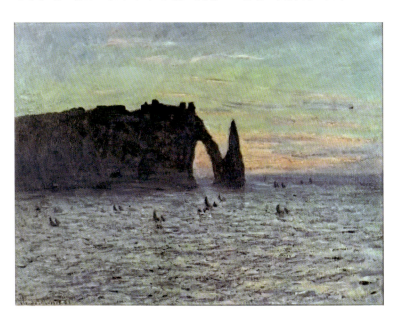

印象派绘画作品《埃特尔塔海边》　作者：克劳德·莫奈

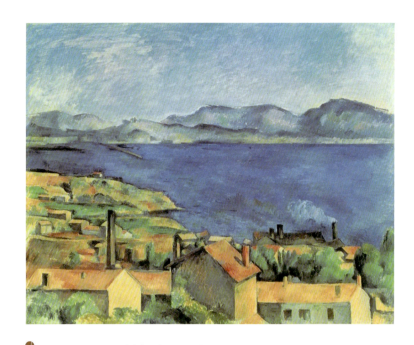

《从埃斯泰克欣赏马赛湾》　作者：保罗·塞尚（1839—1906）

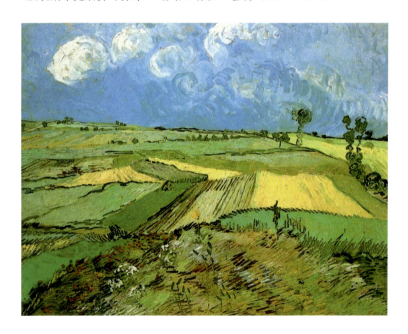

《乌云密布的天空下的麦田》　作者：文森特·梵高

《达威尔小姐画像》
作者：雷诺阿
创作年份：1880年

（2）印象主义音乐

19世纪末至20世纪初在这一时期，西方音乐界出现了很多新风格，以印象主义音乐为代表的几种音乐流派，实现了音乐史上从浪漫主义晚期向20世纪现代音乐的过渡。

印象主义音乐是19世纪后期在巴黎产生的一种新音乐风格，是受"象征主义文学"和"印象主义美术"的影响而出现的一种音乐流派。印象主义音乐带有一种完全抽象的、超越现实的艺术色彩，它的音乐创作方式、和声、旋律及艺术表现手法，都与之前的古典主义、浪漫主义音乐有着很大的区别。朦胧、富于色彩的和声，让印象主义音乐凸显出一些东方音乐的意境；九和弦、十三和弦及全音阶的使用，令印象主义音乐给人一种新颖的听觉感受。

印象主义音乐是我非常喜欢的一种音乐类型。它们是一种神秘微妙、情绪暧昧、带有朦胧艺术色彩的音乐，这样的音乐风格总给予我无限的想象空间。印象主义音乐有着极强的画面感，拥有一种诗中有画、画中有诗的艺术美学效果，这种音乐风格深深地影响了我的创作。

　　德彪西和拉威尔通常被认为是印象主义音乐的代表人物，这两位都是我非常喜欢的音乐家。

DEBUSSY · RAVEL
Streichquartette
String Quartets · Quatuors à cordes
Melos Quartett

ORIGINAL-IMAGE
BIT-PROCESSING

《德彪西和拉威尔弦乐四重奏作品集》唱片封面　（梅洛斯四重奏乐团版本）

阿希尔－克劳德·德彪西（1862—1918），是音乐史上极具代表性的音乐家，也是近代印象主义音乐的代表人物。他的音乐特立独行、自成一派，拥有色彩极为丰富的和声以及变幻莫测的旋律。他将东方音乐、西班牙舞曲和爵士乐的一些元素融入自己的创作中，使自己的作品产生了很多新颖的音响效果。1890年，德彪西和象征主义诗人马拉美相识，并加入了以马拉美为首的巴黎文艺沙龙。在巴黎文艺沙龙中，艺术家们新颖的艺术观点和超前的思想深深地影响了德彪西。他开始欣赏象征主义风格的诗歌，并为这些诗歌谱曲。这时，德彪西的音乐已开始带有"印象主义"色彩，而后逐渐发展成了属于他自己的典型艺术风格。

本节开头推荐的这首《月光》钢琴曲，就是德彪西的印象主义音乐的一部代表作。《月光》隶属于德彪西创作的《贝加摩组曲》，作于1900年，据说德彪西写这部作品是受到了诗人吉罗的叙事诗《月光下的皮埃罗》的影响。《月光》是一首非常动听的钢琴曲，具有明显的印象主义音乐的特点。

印象主义音乐的另一位代表人物是拉威尔。莫里斯·拉威尔（1875—1937）是法国印象主义作曲家的杰出代表之一，他也是杰出的管弦乐配器师。与德彪西一样，拉威尔也毕业于巴黎音乐学院，在音乐创作上也受到了象征主义诗人马拉美的影响，他的作品凸显了印象主义音乐的风格。但是在他音乐风格逐渐成熟的时期，特别是在第一次世界大战之后，拉威尔的音乐创作变得更加严谨、简约，形成了所谓的"法国新古典主义乐派"，他运用了很多富有独创性的和弦、音色以及爵士乐元素，丰富了当时法国的音乐。我非常喜欢拉威尔的音乐作品，他的音乐将旋律与和声的微妙关系提升到了

《德彪西声乐作品集》唱片封面

新的高度，他的音乐非常具有可听性，并且极具创作研究价值。我个人认为，每一个学习作曲的人都应该好好地研究一下拉威尔的音乐作品，这会给自己的创作带来很多帮助。

印象主义音乐如诗如画，它们带有一种完全抽象的、超越现实的色彩，是对浪漫主义音乐体系的一种颠覆，是音乐进入现代主义的开端。从某种意义上说，印象主义音乐影响了爵士乐以及20世纪多种音乐风格的形成与发展。

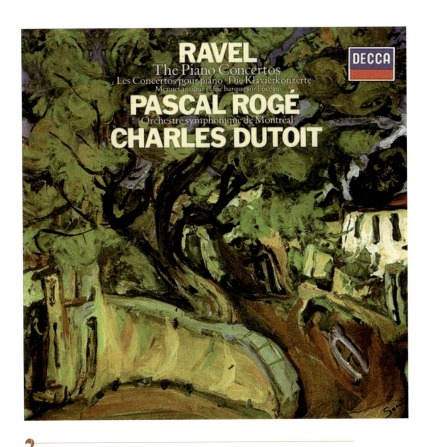

《拉威尔钢琴协奏曲集》唱片封面（帕斯卡·罗杰钢琴演奏版本）

5部必听的德彪西音乐作品：

钢琴曲集《版画集》

钢琴曲集《意象集》

管弦乐《牧神午后》

管弦乐《大海》

管弦乐《夜曲》

5部必听的拉威尔音乐作品：

钢琴曲《水的嬉戏》

钢琴曲《夜之幽灵》

管弦乐《波莱罗舞曲》

钢琴组曲《鹅妈妈》

《G大调钢琴协奏曲》

（3）在印象派艺术中，漫游法国巴黎

为什么莫奈的绘画那么美？为什么德彪西的音乐那么动人？因为他们都曾在巴黎生活，在巴黎找到了许多创作灵感。巴黎这座城市，影响了太多艺术家，也记录了太多艺术故事。

巴黎，一座浪漫的城市，一座风景如画的城市，一座充满艺术气息的城市。来到巴黎，你会很自然地被这里的文艺气息所影响。这里有看不完的美丽建筑，有逛不完的美术馆，有听不完的音乐会，有待不够的咖啡馆，还有品尝不完的美食。总之，巴黎是一座总令你意犹未尽的城市。

巴黎是一座令无数艺术家流连忘返的城市，就像海明威说的，这座城市是"一席流动的盛宴"。而在我眼里，这座城市就像一场永远不会结束的电影，来到这座城市，你就变成了电影中的一个角色，自然而然地融入了这部浪漫而又充满戏剧性的剧本里，就像那部电影——《爱在日落黄昏前》……

来到巴黎，你可以去卢浮宫、奥塞美术馆，穿越时空的隧道，

19世纪的巴黎

探寻那些经典的、永恒的艺术佳作；可以去蓬皮杜艺术中心，看一场有趣的当代艺术展；可以去著名的巴黎歌剧院，在典雅、精致、华丽的艺术殿堂中，欣赏一场高质量的演出；可以在左岸咖啡馆，回味那些影视剧中的经典片段；可以去巴黎圣母院，阅读雨果的名著，近距离地欣赏这座美丽而神奇的建筑佳作；可以去凯旋门，阅读这座城市的前世今生；可以在巴黎最华丽的桥梁——亚历山大三世桥上，欣赏塞纳河畔醉人的风景；也可以在埃菲尔铁塔附近的米其林餐厅，开启一场味觉的盛宴。总之，在巴黎，你总会发现属于你自己的美好。

有一部电影叫作《午夜巴黎》，它是由伍迪·艾伦编剧并执导的、以法国巴黎为故事背景的奇幻喜剧电影。

电影的主人公吉尔是一位在好莱坞小有名气的电影编剧，他希望在巴黎这座仿若"流动的盛宴"的城市中完成自己的第一部小说。但是他的这些浪漫想法遭到了未婚妻及其父母的反对，在不欢而散之后，吉尔独自漫步在巴黎。此时戏剧性的一幕出现了，一辆穿越时空的马车，将吉尔带入了一场他自己都想象不到的名流派对。在派对中，他不仅与海明威、菲茨杰拉德夫妇、达利等历史上的知名艺术家畅聊，更与毕加索的情人阿德里亚娜共生情愫，在一次次的穿越中，他越来越沉迷于巴黎这座城市……《午夜巴黎》这部电影，用一种轻松的叙事方式，为观众呈现了一场属于巴黎的奇幻艺术之旅。巴黎就是这样一座神奇的城市，早上的巴黎很漂亮，下午的巴黎充满魅力，晚上的巴黎让人心醉，而午夜的巴黎最具有魔幻气息。

华灯初上时的埃菲尔铁塔

"钢琴诗人"肖邦曾在巴黎生活多年，肖邦与乔治·桑的恋情也是在巴黎开始的，我们在肖邦的很多钢琴曲中都能够找到巴黎的影子。著名的巴黎音乐学院，是印象主义音乐家德彪西和拉威尔学习音乐多年的地方，在这里，他们开启了印象主义音乐创作的新篇章。巴黎这座城市，曾出现在无数音乐作品中，出现在无数民谣和诗歌中，出现在无数的绘画、戏剧、电影中。

　　巴黎的橘园美术馆珍藏着莫奈的佳作《睡莲》。橘园美术馆是一座有故事的建筑，它坐落在巴黎中心地带的杜伊勒里花园中，这座建筑最初是在1668年由路易十四时期著名的皇家园林建筑师勒诺特建造的。在1918年，莫奈把他的名作《睡莲》捐赠给法国政府，珍藏此作的橘园美术馆因此而闻名世界。橘园美术馆被誉为"印象派的西斯廷教堂"，因为这座美术馆为莫奈的经典代表作《睡莲》量身打造了一个绝佳的展示空间。一幅惊世骇俗的艺术佳作，一定要有一个与之相匹配的完美艺术空间才能达到最好的展示效果。为此，橘园美术馆专门设计了一个环形展厅，将《睡莲》组画完美地呈现于这个空间，给人一种非常棒的艺术欣赏体验。展厅的整个空间和墙面被画作覆盖，把观展者包围在其中，近百米长的观展路线展现的是一幅睡莲、柳枝、树影、云影交相辉映的水景，就像莫奈自己说的那样，"一片波光粼粼的水面，没有地平线，也没有堤岸，犹如没有尽头的幻影"。

　　巴黎经常举办各种富有创意的艺术节，"巴黎不眠夜"是其中之一。从2002年开始，每年10月的第一个周六，巴黎都会上演"巴黎不眠夜"，届时全城的许多博物馆、文化中心都会免费通宵开放，

莫奈笔下的《睡莲》系列绘画作品

巴黎的众多艺术机构都会打开大门，并联合艺术家、作品、灯光装置以及视觉艺术表演等形式，带给大家一种奇妙的夜间艺术体验。巴黎作为欧洲的文化中心，音乐节、时装周、艺术展等活动层出不穷，这座城市向来不乏文化娱乐活动，即便如此，"巴黎不眠夜"仍然可以算得上全城三大活动之一。有一次"巴黎不眠夜"活动，在橘园美术馆上演了一场以莫奈的绘画为主题的音乐会。从晚上 8 点一直到第二天凌晨 5 点，古典乐队 ProQuartet 中 11 名年轻的音乐家一共进行了 9 场演奏。他们在莫奈的作品前演奏音乐，这一刻，音乐、绘画、空间完美地融合在一起，有一种身处莫奈花园的错觉；这一刻，人们仿佛感受到了莫奈绘画作品中独有的音乐意境和奇幻的艺术色彩……巴黎就是这样一座城市，一切艺术形式来到这里，都有它存在的价值与意义；一切艺术形式都可以在这里共融共生，产生奇妙的化学反应。

如果有一天，你即将要去巴黎旅行，可以带上我的这本书，参考一下我推荐的旅行路线。当然，也可以什么攻略都不做。只需要带着一颗充满好奇的心，尽情地融入这座城市，你总会发现属于你自己的精彩。

不要问我，我眼中的巴黎是什么样子。

因为，1000 个人心目中就有 1000 个巴黎。

穿越 19—20 世纪的音乐时空

19—20 世纪的音乐世界，是一个五彩斑斓的音乐世界。在这样的时代背景下，浪漫主义音乐从早期过渡到晚期，紧接着印象主义音乐登上了历史舞台，印象主义音乐在某种程度上影响了爵士乐的发展。在 20 世纪初，爵士乐逐渐走进了人们的生活。20 世纪中期，由于电声乐器的发明，爵士乐的分支蓝调催生了摇滚乐。到了 20 世纪后期的唱片时代，音乐可以被录制下来并批量生产，音乐领域逐渐趋于产业化，于是顺应时代潮流，音乐界又产生了很多新兴的风格。自 20 世纪后期到现在，全球的音乐风格逐渐演变为流行音乐、摇滚音乐、爵士音乐、古典音乐、乡村音乐、民谣音乐、嘻哈音乐、R&B、电子音乐、民族音乐、古风音乐等。在这一节，我将带大家从 19 世纪来到 20 世纪。

19 世纪中期的浪漫主义代表人物勃拉姆斯，是我非常喜欢的一位音乐家。他与巴赫、贝多芬并称为古典音乐领域的"3B"，他的音乐作品既延续了古典主义时期的严谨、典雅与唯美，又极具浪漫主义时期的丰富幻想。我认为喜欢听贝多芬的人，一定喜欢听勃拉姆斯。勃拉姆斯的音乐作品为我打开了一个新的世界，他的这些音乐是古典与浪漫的融合、感性与理性的融合。

《勃拉姆斯钢琴作品集》唱片封面（巴伦博伊姆、肯普夫、乌戈尔斯基3位钢琴家共同演绎版本）

　　勃拉姆斯的作品不像肖邦、李斯特的作品那样重视炫技与外在的表现力，他的作品更具结构感与逻辑性，他的音乐作品不浮躁，可以引发更深刻的思考。我有一次不经意地听到了他的一首钢琴曲，是他晚年创作的间奏曲，作品第117号，降b小调间奏曲。这首钢琴曲给我留下了很深刻的印象，初次听到这首曲子的时候，我以为这是一首20世纪当代作曲家创作的作品，因为从和声和旋律上，我能感知到，这样的音乐语言是20世纪作曲家会用到的。但没想到的是，100 多年前的勃拉姆斯，就已经使用了这样的创作方式，莫非是他穿越时空了？总之，这一首降 b 小调间奏曲，让我重新认识了勃拉姆斯的音乐。他的那些过于通俗的作品，如《摇篮曲》《匈牙利舞曲》等，并不是我感兴趣的曲风。我比较喜欢的是他的那些"冷门"的音乐作品，那些没有被发现的遗珠，才最能代表他的性格及音乐态度。

谈到 19 世纪的歌剧，我想到了 3 个关键词：瓦格纳、威尔第、普契尼。这 3 位音乐家代表了 19 世纪歌剧的最高成就，瓦格纳一生创作了很多歌剧作品，我自己最喜欢的是那部《尼伯龙根的指环》，这可谓是一部空前绝后的歌剧，其规模之大、耗时之长，必须要在特制的超大型剧院，分 4 个晚上才能演完，是歌剧中的鸿篇巨制。威尔第这位音乐家留给我的印象非常深刻，我最喜欢他的《假面舞会》和《游吟诗人》的音乐编配，具有 19 世纪浪漫主义音乐的典型特质。而在我心中，威尔第最棒的歌剧是《阿依达》，这是一部非常经典的歌剧作品，也是世界知名歌剧院的必演作品之一。据说《阿依达》这部歌剧影响了一代歌剧作曲家普契尼，1876 年，年轻的普契尼曾徒步到比萨这座城市观赏威尔第的《阿依达》，并受到了极大的震撼，于是他决定未来也要当一个歌剧作曲家。最终，他创作出了歌剧经典名作《图兰朵》，成了一代大家。

19 世纪的西班牙，有两位非常棒的音乐家——萨拉萨蒂和法雅。萨拉萨蒂是西班牙著名的小提琴家、作曲家，最令我们印象深刻的是他的那首《流浪者之歌》。他自幼就显露出了出众的音乐才华，17 岁开始旅行演奏生涯，足迹遍布五大洲，声震世界乐坛，长达

威尔第歌剧《阿依达》唱片封面

40多年的辉煌的演出活动使他成为国际知名的演奏家。他的音乐作品极具西班牙风情，被誉为"19世纪末的帕格尼尼"。与他同时期的西班牙作曲家法雅，在创作中吸收了很多印象主义音乐的元素，他的音乐拥有一种神秘的西班牙风情，极具画面感。一听到他的音乐，我就会联想到西班牙那些动人的风景。

法雅《西班牙花园之夜》唱片封面（阿莉西亚·德·拉罗查钢琴演奏版本）

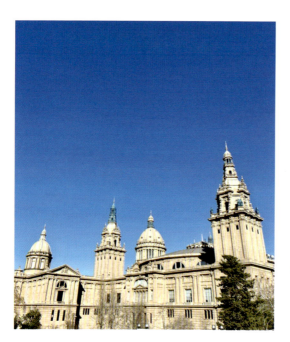

西班牙加泰罗尼亚国家艺术博物馆

西班牙巴塞罗那的圣家
族大教堂

　　19世纪的北欧，浪漫主义音乐家格里格，最能代表他的故乡的音乐风情。格里格是挪威作曲家，他的作品表现了斯堪的纳维亚半岛的音乐文化，挪威山区的民间曲调是他创作的重要源泉。他创作的《培尔·金特》组曲是一部非常经典的音乐作品，尤其是组曲的第一首《晨歌》，是很多人耳熟能详的曲目。

　　19世纪的捷克，有两位重要的音乐家——德沃夏克和斯美塔那。他们两人的音乐作品完美地代表了捷克的音乐文化。德沃夏克的《e小调第九交响曲（自新大陆）》是他的经典之作，在这部交响曲中，我们能够感受到他心中所描绘的那个音乐世界。斯美塔那最著名的作品是由6部独立交响诗组成的交响诗套曲《我的祖国》，其中的《沃尔塔瓦河》，其音乐形象富有诗意，用美妙的旋律表现了捷克那些动人的风景。

GRIEG

DDD
8.550882

Piano Music Vol. 2

Improvisations on Two Norwegian Folk-Songs
25 Norwegian Folk-Songs and Dances
19 Norwegian Folk-Songs
A Ballad to Saint Olaf • The First Meeting

Einar Steen-Nøkleberg, Piano

《格里格钢琴作品集》唱片封面（埃纳尔·斯滕·诺克尔伯格钢琴演奏版本）

斯美塔那《我的祖国》唱片封面（祖宾·梅塔与以色列爱乐乐团版本）

于布拉格查理大桥拍摄的模糊风景，这一刻，我想到了斯美塔那的音乐

在布拉格广场看到的风景

布拉格的城市风景

19世纪的奥地利，出现了几位在音乐史上影响非常深远的音乐家，如马勒、布鲁克纳、理查德·施特劳斯等。他们代表了那个时代的音乐风格，他们使用了和之前的奥地利作曲家不一样的音乐语言，在音乐的创作上开启了很多新的领域，也影响了后世的很多作曲家。马勒的《漫游者之歌》《降E大调第八交响曲（千人）》，还有理查德·施特劳斯的《玫瑰骑士》都是我非常喜欢的作品。

19世纪的俄罗斯，除了有柴可夫斯基，还有很多著名的音乐家，如格林卡、穆索尔斯基、里姆斯基－科萨科夫、鲍罗丁等，他们的音乐作品在古典音乐界有着非常深远的影响。里姆斯基－科萨科夫的管弦乐曲里有一部我非常喜欢的作品，那就是取材于阿拉伯民间故事集《一千零一夜》的交响组曲《天方夜谭》。作曲家里姆斯基－科萨科夫青年时在沙皇海军中担任军官，因此漂泊四海，曾游历不同的国家。在中年之时，他已拥有丰富的旅行经历，而将交响组曲命名为《天方夜谭》的灵感，就是来自他心中对于阿拉伯地区神话般的印象。他的这部作品，用阿拉伯地区的音乐曲调描绘出了一个神奇而又迷幻的世界。

每次聆听里姆斯基-科萨科夫的《天方夜谭》，都让我联想到在阿拉伯地区旅行的经历（图中为阿联酋阿布扎比大清真寺）

在 19 世纪末至 20 世纪初的俄罗斯，有很多非常特别的音乐家，如斯克里亚宾、普罗科菲耶夫、斯特拉文斯基、拉赫玛尼诺夫、肖斯塔科维奇等。从某种意义上说，20 世纪初的俄罗斯，是近代音乐的缩影。这几位音乐家的有些作品是我非常喜欢的，如斯克里亚宾的《第二钢琴奏鸣曲》，这是他创作初期的作品，于 1897 年完成。

斯克里亚宾创作的音乐曲调是明亮、透明的，并且带有神秘色彩。从这首作品中能看出他受肖邦、李斯特的影响颇深。在他的那些钢琴奏鸣曲中，《第二钢琴奏鸣曲》被他本人称为《幻想奏鸣曲》，表现了他心中那个遥远的、宁静而又神秘的、一望无际的大海。

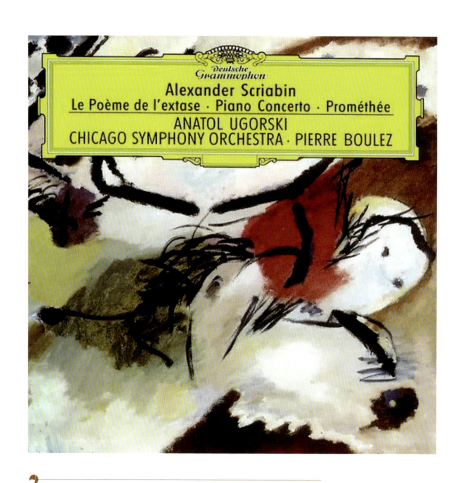

德意志唱片公司出品的《斯克里亚宾音乐作品》唱片封面

另一位俄罗斯音乐家拉赫玛尼诺夫，他的钢琴音乐作品对我的影响非常深刻，曾给予我很多音乐创作上的灵感。他的音画练习曲系列，就是在用钢琴音乐表现视觉上的画面，从他的这些作品里，我能感受到音乐与绘画之间的相通性。他的《c 小调第二钢琴协奏曲》创作于世纪之交，在 19 世纪末、20 世纪初，这是一首具有跨时代意义的钢琴协奏曲，也是我最喜欢的钢琴协奏曲之一。他的《帕格尼尼主题狂想曲》是电影《时光倒流 70 年》的背景音乐，是一首非常经典的作品。这部电影的导演选择将拉赫玛尼诺夫的作品作为电影的背景音乐，说明他深刻地理解了拉赫玛尼诺夫音乐的内涵。我在拉赫玛尼诺夫的很多音乐作品中都能体会到一种超越年代的时空穿梭之感。肖斯塔科维奇也是一位对我影响深远的音乐家，我曾经在我的多场线下讲座中讲解过他的音乐作品，令我印象最深刻的就是他的《第二圆舞曲》，这首作品曾出现在很多电影作品中，喜欢看电影的人对他的作品应该都不会感到陌生。

聆听音乐：拉赫玛尼诺夫《帕格尼尼主题狂想曲》第18变奏

拉赫玛尼诺夫的《帕格尼尼主题狂想曲》第 18 变奏，一个长约 2 分 53 秒的变奏曲片段，这是我非常喜欢的一段钢琴演奏。

20 世纪初的先锋派作曲家里，有很多代表性的人物，如勋伯格、巴托克、约翰·凯奇等，他们代表了一种更新颖的音乐语言。若要了解他们的音乐，首先要了解和他们同时代画家的绘画作品，如蒙德里安、康定斯基、夏加尔、毕加索等，这些画家创作的很多绘画作品都明显地体现了音乐的元素。在 20 世纪初，各种艺术门类之间的界限逐渐被打破，音乐、美术、设计、文学等领域共融共生，彼此影响，实现了很多新兴的跨界创作。

《拉赫玛尼诺夫第二钢琴协奏曲和帕格尼尼主题狂想曲》唱片封面（阿斯肯纳齐、安德鲁·普列文与伦敦交响乐团版本）

这一时期的音乐与绘画，有特别宝贵的研究价值，而且20世纪初的艺术风格给我的音乐创作带来了很多新灵感，我的《钢琴音画：耳边的风景》的创作理念就深受20世纪美术与音乐的影响。

"颜色是琴键，眼睛是和声，灵魂是有很多弦的钢琴。艺术家就是演奏的手，抚弄着一个又一个琴键，让灵魂震颤。"——瓦西里·康定斯基

《红·黄·蓝》 作者：康定斯基 创作年份：1925年

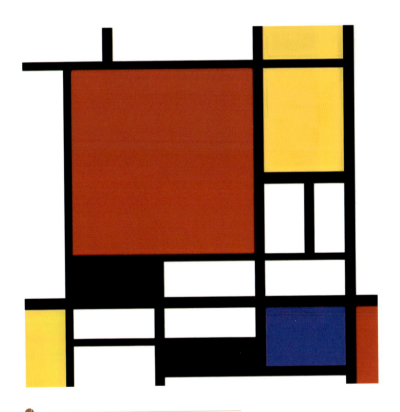

抽象画作者：蒙德里安 创作年份：1921年

整个 20 世纪，是全球艺术领域重新洗牌、重塑格局的时代，也是打破规则、新兴艺术门类"野蛮生长"的时代。如今我们听到的这些音乐风格，无论是流行、爵士、摇滚、嘻哈音乐，还是民谣，它们都是在之前古典音乐创造的体系中不断演变而成的。音乐产业的发展，从 18—19 世纪的乐谱时代，过渡到 20 世纪的唱片时代，然后到如今的数字时代和互联网流媒体时代，人们听音乐的方式总是在不断地变化，也许到了 22 世纪……我现在还想象不到 22 世纪的人们会用一种什么样的方式来听音乐，如果可以，我真的很想穿越时空，在未来与现在之间自由穿梭，去到遥远的未来，体会更多的未知与新奇……

我在2019年举办的一场"钢琴音画"时空穿越音乐会，这场音乐会是将人工智能与美术、音乐融合的一场艺术探索活动

尾声

聆听音乐：马辰《钢琴音画：耳边的风景》

在说告别之前，我特别想为读者朋友们演奏一段我自己创作的钢琴曲——《钢琴音画：耳边的风景》，这部作品的旋律很符合我此刻的心情。

我创作的钢琴曲《钢琴音画：耳边的风景》唱片封面

钢琴音画：耳边的风景

这个世界上最快而又最慢，

最长而又最短，

最平凡而又最珍贵，

最易被忽视而又最令人后悔的，

就是时间。

我想用自己的音乐，

来描绘时间。

时间在流动，音乐也在流动。

我愿，时间在音乐里流动。

音乐是有灵魂的，音乐是有温度的，

音乐能够超越语言，

在人与人之间进行对话，

音乐能够穿越时空，

在人与人之间建立连接。

希望有一天，正在阅读本书的你们，可以来到我音乐会的现场；希望有一天，可以近距离地弹琴给你们听。

很感谢这次机会，让我可以通过音乐，通过旅行的方式，和正在阅读本书的你，建立一种心灵上的连接。亲爱的读者朋友，当你读到本书的这一页时，也许你已经陪我走过了世界上很多不同的地方，我们的这场音乐艺术之旅也接近尾声了。不过，这只是暂时地告一段落，是的，暂时告一段落。一段旅程会有起点和终点，但是，音乐的世界，是看不到尽头的。音乐的世界，是一片广袤的、神秘未知的、无边无际的海洋，我们会在音乐的世界里短暂告别，但终究会在音乐的世界里重新相遇。

本书到这里，就像一场意犹未尽的旅行，当我们结束一段美妙的旅行之后，这段旅程中所有美好的记忆，看到的所有动人的风景，遇到的所有人，都会留在我们的记忆深处，成为我们人生的一部分。如果把一个人漫长的一生比作一部百转千回的交响曲，那我希望，我们这次一起跟着音乐旅行的经历，可以成为你的人生交响曲中一段难忘的乐章。写到这里，我的内心忽然有一丝伤感，所有的相遇，都会有告别的一刻，所有的告别，都是为了下一次更好的相遇。我期待，在未来的时光中，我可以带着读者朋友们开启一场真正的艺术旅行。我希望，有一天，我会遇见此刻正在阅读本书的你，穿过文字的世界，我们可以在现实的生活中见面，到那时，我会继续带着大家一起去探寻这个未知的世界。

我们的音乐之旅，未完待续，期待有那么一天，你我再次相遇。

马辰

2020 年 5 月 15 日